「言葉」が人生を変えるしくみその最終結論。

HOW TO UNLOCK THE POWER OF LANGUAGE AND CHANGE YOUR LIFE

石田久二 HISATSUGU ISHIDA

Clover
クローバー出版

HOW TO UNLOCK THE POWER OF LANGUAGE AND CHANGE YOUR LIFE

「言葉」が人生を変えるしくみその最終結論。

石田久二 HISATSUGU ISHIDA

プロローグ

「彼氏・彼女が欲しい」
「転職したい」
「お金持ちのパートナーが欲しい」
「好きなことだけして、生きていきたい」
「一軒家に住みたい、海外で生活したい」

みんなそれぞれに叶えたい願いがあり、それを叶えるために、いろいろな方法を試しています。でも、ほとんどの人が、願いを叶えることができず、理想の自分とは程遠い日常に溜息をつく毎日……。

実は、数年前まで、私もそんな一人でした。
今でこそ、コーチ、コンサルタント、講演家として全国を飛び回りながら、プライベートにも恵まれた幸せな生活を送っていますが、20代、30代の頃は、ニート、ワーキングプアの状態を長く経験し、仕事に耐えられず逃げるように会社を辞めてしまう意気地なしだったのです。

そんな私が、いったいどうやって、今の現実を引き寄せたのか……。

それは、「言葉を変えた」から。私は、ある1冊の本との出会いで、言葉には人生を変えるほどの力があることに、気付いてしまったのです。

2004年5月、新聞を読んでいたら、長者番付の発表の記事が載っていました。長者番付に載るなんて、別世界の人だなぁ~と思いながら、なんとなく見ていると、ユニクロ、楽天、任天堂、金融、製薬会社など、そうそうたる企業経営者を差し置いて、1位の人のところに目が留まりました。その人の職業は「健康食品販売業」。「へ~、健康食品って儲かるんだ~」などと思いつつ、いつもの日課で、近所の本屋さんに行くと、なんとその「1位の人」の特設コーナーがつくられていました。

「うわ！　さっき見たばかりの長者番付1位の人だ。いったいどんな本を書いているんだろう?」と気になった私は、その1冊を手に取り、パラパラとめくってみると、「ツイてると言えば運がよくなる」という一文が、目に飛び込んできました。

えっ? これだけで運がよくなる?

その瞬間、自分のなかの何かがパチンと弾け、「これからはツイてるとしか言わない!」と心に決めたのです。

これまで、何をやってもうまくいかなくて行き詰まっていた自分。けれど、言葉を変えただけで運がよくなるなら、やらない手はないじゃないか。

その頃の私は、まだスピリチュアルとか宇宙とかといったことについて、よく知りませんでした。もともと理屈っぽい私は、目に見えない世界に半信半疑ながら、それでもなんとかして人生を上向きにさせたいと思っていたことは確か。だから、この一文がズドンと胸に響いたのかもしれません。

それ以来、私は、ネガティブな言葉を封印して、愚直にどんなときも「ツイてる」という言葉を話すように心がけるようにしました。

すると、面白いことに本当にどんどん世界が変わっていったのです。

例えば、不平不満の渦巻く会社内で、私だけやりたい仕事を担当することができ、仕事先との関係も極めて良好に。社外でもいろいろなネットワークが広がり、人脈も急速に拡大。さらに仕事に翻弄されずに、フラッとミャンマー旅行に行くこともできた。プライベートでもいいことばかりが続く。

まるで、見えない力が守ってくれているとしか思えないようなことが、どんどん起こるのです。そう、現実の世界で本当にツイていることしか、起こらなくなってきたのです！

言葉にはすごいパワーがあることを体感した私は、その後1年間くらいかけて、徹底した言葉の鍛錬をしました。のちほど詳しく話しますが、「ありがとうございます」を1日1000回言ってみたり、密教の真言を1日1000回唱えたりなど、大真面目に徹底して言葉のパワーを検証してみました。

実際に言葉を唱えると、その変化はすさまじく、仕事でも、プライベートでも、人間関係でも、うれしい出来事がたくさん起こるように！　いったいなぜ言葉を変えるだけで、こんなにもすごい変化が起こるのか……、それからというもの、私はその秘密やしくみを究明していきました。**その結果わかったことは、言葉を適切に扱うことで、誰でも願望実現が可能だということ**だったのです。

今すぐ変えられるのは「言葉」だけ

空海によって開かれた真言密教では、私たち人間は、身・口・意の3つから成り立っていると言われています。身とは肉体、口とは言葉、意とは心を指しますが、もう少し意味を広げて考えると、肉体とは身体を使うことなので、行動とも置き換えられますし、意の心とは思考を指しているとも言えます。

つまり、思考、行動、言葉、この3つは、三位一体と言われ、これらが一致するときに夢が叶うのです。

ところが、思考というものは、「変えなさい」と言っても、すぐに変えられるものではありません。例えば、給料日までのあと3日間を100円で過ごさなければならないとしたら、すごく心細いですよね。

なのに、「そのネガティブ思考がよくない。もっと気楽に楽しみなさい」と言われても、なかなかポジティブ思考にはなれません。そもそも、あと3日間を100円で過ごさなければならない状況にあっても、楽天的な思考ができる人だったら、悩んだりはしないはず。

よく「思考は現実になる」と言われますが、そもそも、**思考を変えることがいちばん難しい**もの。だから、思考を変えられず、現実もよくならない人が多い。そこが問題なのです。

では、行動はどうでしょうか?

例えば、どうしてもアイスクリームが食べたくなった場合、コンビニにアイスクリームを買いに行くくらいのアクションなら、すぐに起こせます。でも、「人と100人会ってください」と言われたら、時間はかかるし、だいたい100人も知り合いがいるかどうかは怪しいでしょう。

簡単なことであればすぐにやれても、難しい行動になるとなかなかできなくなるのが「行動」。だから、そう**簡単に動けない**のです。

残るは「言葉」。

「成功しました。ありがとうございます」と言ってみよう、と言われたら、成功していなくても、心からそう思っていなくても、今すぐ言うことができます。つまり、**言葉は一瞬で変えることができるツール**なのです。

本書で詳しく説明しますが、思考、行動、言葉の関係では、言葉が行動に方向を与え、思考の輪郭をつくっています。だからこそ、自分の言葉に意識を向けて欲しい。言葉が変われば、あなたの現実は確実に変わる。つまり、言葉は、望ましい現実をつくるカギなのです！

これから、私がここまで言葉にこだわる理由、言葉を変えても現実が変わらないとしたらその原因、言葉を使うときの心構えをお伝えし、最終的には「言葉」を軸として具体的に願いを叶える方法を紹介します。

この本では、「言葉」が人生を変えるしくみについて徹底的に研究した**「その最終結論」**を提示しました。人間だけが言葉を自由に操り、高度な文明社会を創造してきたように、私たちも言葉をうまく使うことで、**どのようにでも人生を構築できる**のです。

つまり、「言葉」は人生の羅針盤であり設計図なのです。人生を変える上で、すごい効果を発揮する言葉の力を、ぜひたっぷり堪能してください。

もくじ

第1章　現実は、言葉によってつくられる

第2章　目に見えない部分に隠される願望実現化の構造

第3章　潜在意識に「願い」を受け入れてもらう言葉の使い方

第4章　願いを最大限に叶えるためのメンタルコンディショニング

第5章　願望実現を加速させるコツの数々！

第1章　現実は、言葉によってつくられる

世界は、言葉を通してしか認識できない！

私たちは、「認識」することで現実をつくっています。例えば、車とは運転することで速いスピードが出る乗り物だと認識しているから、遠くに行くときは車で移動しよう、ドライブに行こう、というふうに現実がつくられていきます。

では、車というものを知らない未開の原住民が車を見たら、どう思うでしょうか？おそらく、ただの大きな物体にしか見えないでしょう。それを何に使うのか、どういう働きをするのか、全くわからない。彼らのなかには「車」という言葉がないので、車という概念が形成されていないのです。だから、目の前に車があっても車として認識していない、つまり、「ない」と同じなのです。

ここで、一つ質問です。

「『インジェラ』という言葉を聞いて、わかる人はいますか？」

これは、私がよくセミナーで使うネタです。私のセミナーに初めて参加した人の99・９％が「わかりません」と言います。決して、私が適当につくった言葉ではありません。ある国の人にとっては、とてもメジャーなものです。

正解は、「エチオピアの主食」のこと。

エチオピアは、標高１０００ｍくらいの高地にある国。そこに住む人たちは慢性的に鉄分不足になるため、テフという穀物を粉にして水で溶いて発酵させ、クレープ状に焼いてできたインジェラという主食を食べて鉄分を補っているのだそう。

ところが、このインジェラという食べ物、旅する人たちの間で、おそろしくまずい食べ物だという噂が……。好奇心旺盛な私は、それを聞いたらますます気になってしまい、友だち20人くらいで、都内のエチオピア料理店にインジェラを食べに行くことにしました。

ドキドキしながらインジェラを頼み、テーブルに運ばれてきたその色は、まるで汚れた雑巾のよう。勇気を出して一口食べてみると、二日酔いの朝を思い出させるような、なんともコメントしがたい味。エチオピアの人には申し訳ないけれど、もう一度食べに行きたいとは思えない味でした。けれども、エチオピアの人たちにとっては、インジェラこそ命をつなぐソウルフードなのです。

今、こうしてインジェラについて話をすることで、あなたはインジェラについての認識ができました。次にインジェラについて見たり、聞いたりしたときは、それについて語ることができるでしょう。未知の言葉を習得することで、あなたの世界はどんどん広がっていくのです。

つまり、言葉として存在しないものは、認識できない。言葉が現実をつくっていて、世界は言葉で成り立っている、と言えるのです。

現実は、すべて「認識」が引き寄せた結果

今、言葉を習得することで認識ができると言いましたが、実は**認識するためには、「感覚」を働かせることが重要**です。

つまり、見る、聞く、触れる、嗅ぐ、味わうといった「感覚」を通して、すでにある世界を知覚し、それを「言葉」によって切り分けた瞬間、そこに「認識」が生まれます。

先ほど、インジェラの例をあげましたが、インジェラ自体は、ずっと前からエチオピアの人たちの間で食べ続けられてきたもの。「すでにあった」のに、私たちが知らなかっただけです。

ところが、インジェラを食べる機会を得たことで、実際の色を見て、触れて、匂いを嗅いで、口のなかに入れて味わい、インジェラとはどういう食べ物なのか、というイメージが生まれました。それを言葉によって伝えることで、インジェラとはどういうものなのか、という「認識」が生まれたのです。

「認識」＝「感覚」＋「言葉」

この方程式があって初めて、私たちのなかに新しい世界が広がっていきます。ところが人間は、自分の興味関心のあるものしか、認識しようとしないのが現実です。

例えば、夜空には無数の星々が輝いています。世界中の天体愛好家・専門家たちが「新星」を見つけようと、今も夜空を眺めているでしょう。一方、私たちも同じ夜空の下にいるにもかかわらず、天体への関心はないので、新星を見つけることなどできません。もし、見つけたとしても、それが「新星」だと認識することすらできません。天体に関する知識もなければ能力もないからです。

実際、私たちは、仕事をしたり、遊んだり、旅行をしたりするなかで、無数のものを目にしています。しかし、記憶に残っているものはその一部だけ。それは、私たちが認識できるものしか見ていないから。認識できないものは、関心事としてあがらない。だから、見逃してしまうのです。

そう考えると、認識とは次のような方程式も成り立ちます。

「認識」＝「関心」×「能力」

新星を発見したいなら、新星であることを**認識するための「関心」と「能力」を身につける必要がある**でしょう。

いろいろなものを認識して世界を広げていきたいと思うなら、さまざまなことに対する「関心」と、知識や技術などの「能力」を身につけることが欠かせません。この2つがかけあわさって、初めてその人の世界に「新星」が登場するのです。

そう考えると、**すべての願望は、すでにあるものを認識できていない状態**と言えます。例えば、「十分なお金が欲しい！」という願望なら、その人が認識している世界には十分なお金はないけれど、認識していない世界には、十分なお金が存在しているということ。

目の前の現実は、すべて自分自身の「認識」が引き寄せた結果なのです。そのことを1枚の図で説明すると、次のようになります。

【図1】

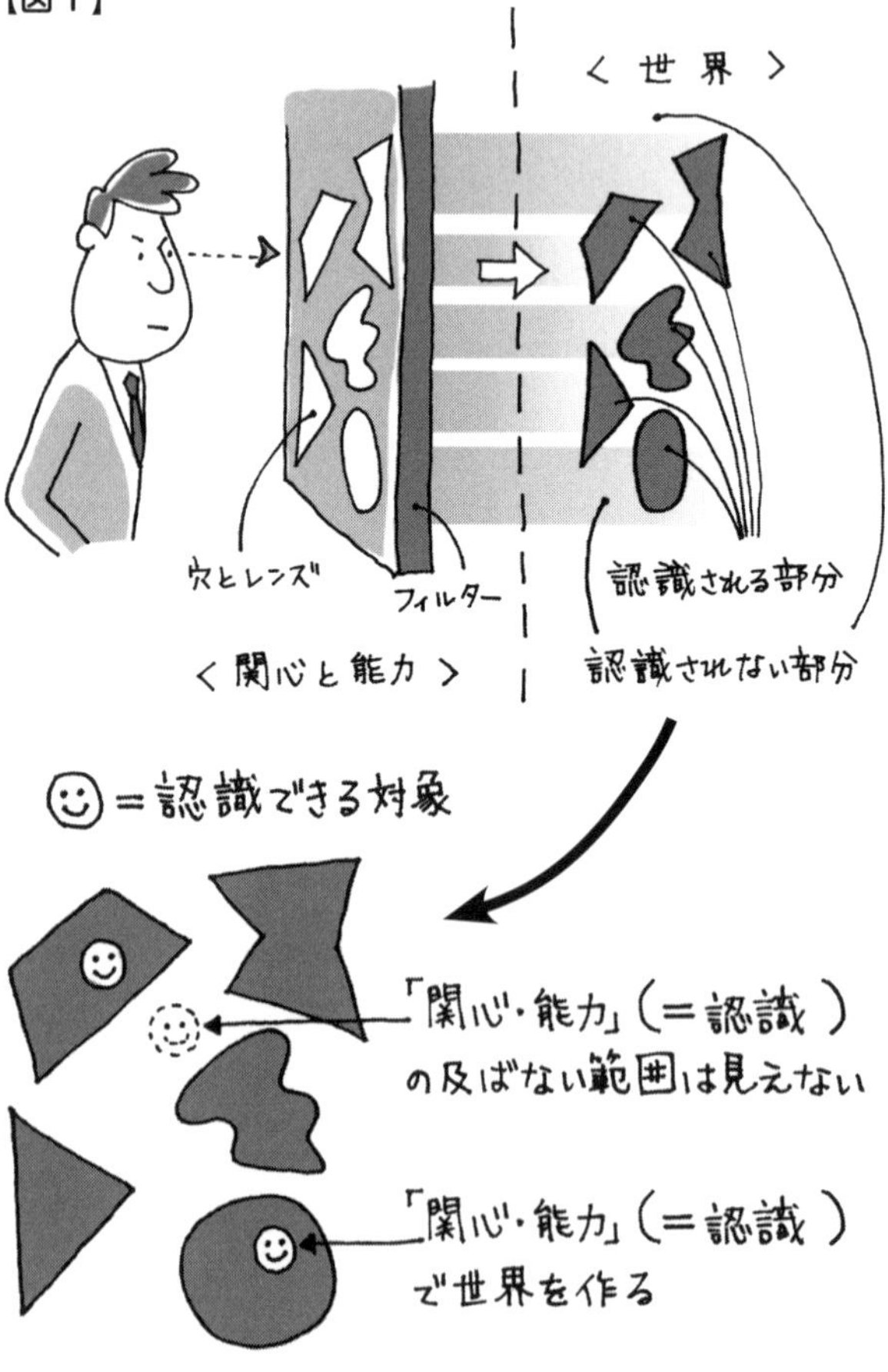

「世界」にはまだ知らないインジェラもあれば新星もあるし、全く見も知りもしない「@l:./1@j@pu;@y:dselbp」なんてものも存在するでしょう。その「世界」を、私たちは1枚のフィルターを通して見ています。そのフィルターには**「穴＝関心」**が空いており、そこには**「レンズ＝能力」**が取り付けられています。そうやって見える部分（＝認識できる部分）が、今のあなたの世界のすべてです。

しかし、本当の「世界」はまだまだそんなものじゃありません。そこで新たにフィルターを付け替え、これまで認識していなかった部分に**「穴とレンズ（関心と能力）」**を当てるとどうなるしょう？

瞬く間に世界が広がります。ひょっとしたら、広がった新たな世界に「お金を稼ぐ方法」や「彼氏／彼女」があるのかもしれません。いや、間違いなくあるのです。

人間が認識している世界は、針の穴程度!?

そもそも、私たち人間がすでに認識している世界は、どれくらいの大きさだと思いますか？

もちろん、好奇心旺盛な人とそうでない人とでは、認識する量に差はあるでしょう。しかし全宇宙から見れば、それは微々たる誤差程度。

人間は、自分が認識している世界がすべてと思いがちですが、実は認識している部分はほんの少しであって、認識していない部分が99・9999……%です。なぜなら、

【図2】

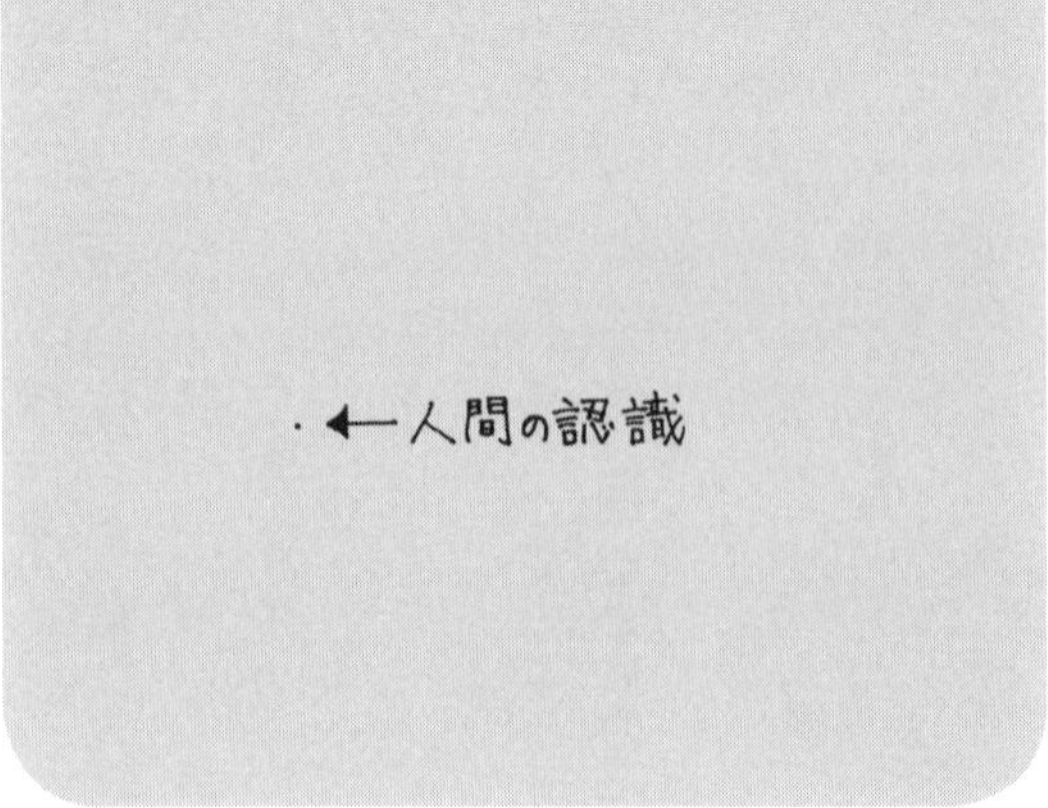

私たちの住む地球は夜空に輝く小さな一つの星と同じように、全宇宙からしたら、小さな点くらいでしかないのですから。その小さな星に住む、小さな人間が認識している世界など、小さな点、いや、針の穴にも満たない小さな世界かもしれません。**「認識されない部分」にこそ、無限の可能性が秘められているのです。**

言葉として存在できないものは、現実にはならない

以前、セミナーのあとの懇親会で、「宇宙人はいるか？」という話になりました。すると、ほとんどの人が「いると思う」と言うので、「じゃあ、ここにいるかもしれないね」と言うと、みんなは「まさか～」という顔をしました。

そのとき、ちょうどホッケを食べていたので、私はこう言いました。

「このホッケの骨が宇宙人かも」

宇宙人と言うと、たいていの人は、目が大きく、手足が細い「グレイ」と呼ばれるヒューマノイドをイメージします。でも、それは私たちが認識している宇宙人の姿であって、本当のところは、全く想像を絶する形かもしれません。

宇宙人というのは、私たちが認識しうるものではない可能性も大なのです。そう考えると、ホッケの骨が宇宙人かもしれないし、空気のように、すでに私たちのまわりに常に存在しているかもしれません。でも、それを宇宙人だと認識していなければ見えません。

【図3】

こんなふうに、宇宙全体には見えない世界がたくさん存在しています。

だから、宇宙人はここにいるかもしれないけれど、私たちが認識していなければ、どうあがいたって見ることはできません。

認識できないものは、言葉として存在できない。つまり、言葉として存在できないものは、現実にはならないのです。

その意味で、しばしば反感を買うのですが、私自身は「いわゆる宇宙人（ヒューマノイド系）」は地球人以外に存在しないと断言しています。それは宇宙の大きさが人間の認識範囲をはるかに超えているから。認識できないものは、存在しないのです。

ただ、このように言うと「認識していないところにいるかもしれない」と反論されるかもしれません。それだったら「５００億光年離れたところにあるキン肉星（キン肉マンの故郷）」の存在も否定できませんよね？　そもそも宇宙の年齢は１３８億歳なので、５００億光年などあり得ないと言われたとしても、もしかしたら新発見で宇宙の年齢が１兆歳まで更新される可能性だって否定できません。「キン肉星」の存在を認めてくれるなら、私も宇宙人の存在を少しくらいは認めていいと思っています。

人間と人間以外の違いとは？

ところで、人間と人間以外のものの違いってわかりますか？

それは「言葉」です。

行動、思考、言葉のなかで、唯一人間だけが持っているのが「言葉」です。「行動」は人間も動物もおこないますね。思考に関しては、正直なところわかりませんが、犬は嬉しいときにしっぽをふったり、怪しい人が来たらワンワン吠えたりするので、何かしら考えがあるのでしょう。

言葉に関しては、動物同士で会話をしているのかもしれませんが、人間のようにあらゆる人たちとコミュニケーションするための言葉は、動物には存在しません。

では、どのようにして人間は言葉を獲得したのか？

それは、約7万年前に人類に「認知革命」が起こったためです。直立歩行により大きな脳を支えることが可能になり、とりわけ言葉をつかさどる大脳が発達したことでより複雑な言葉を獲得しました。

ユヴァル・ノア・ハラリ著『サピエンス全史』（河出書房新社）によると、私たち人間（サピエンス）がその他の二足歩行の人類と決定的に差をつけたのが、「見えないもの（虚構）」を認識する能力を得たからだと言います。それは「認知革命」と呼ばれ、それまでは「丘にライオンがいる！」くらいの言葉はあったのですが、「丘」や「ライオン」のような目に見えるものに限定されていました。

しかし、「認知革命」によって神々、宗教、神話のような「虚構」を認識できるようになり、やがて集団、制度、文明など、人間特有の「物語」を生み出すことに成功したのです。

「物語」の力は極めて強大です。動物や「認知革命」以前の人類にとっての世界は、「見えるもの、聞こえるもの、触れられるもの」など物理空間に限定されていたのを、全く異次元の世界へと急拡大させました。その異次元の世界が「物語」という情報空間であり、神話や宗教だけでなく、法律、慣習、常識、ルールなど、見ること、触れることもできない「虚構」を生み出したのです。

「お金」などはその最たるもので、紙幣に紙以上の価値があるという「物語」を多くの人が信じているから成立するもの。今日ではカードやネット取引など、紙幣ですらなくなろうとしています。

そのような「物語」を可能にしているのが、まさに言葉です。

「円（ドル、ユーロなど）は信用できる」という「物語」を多くの人が共有することで、「お金」が成り立っています。**つまり、言葉が「物語」をつくり、私たち人間の現実世界の大部分が、そのような「物語」に占められているのです。**

願望実現の道は、自分の語彙の外側にある！

現実世界はそっくりそのまま言葉で成り立っており、私たちは言葉という枠内で生きています。ということは、現実生活を変えるには、言葉を変える、または拡大すればいいのです。

例えば私たちは、「女優になりたい」「世界一周をしたい」「月収１００万円が欲しい」など、さまざまな願望を持っていますが、それらの願望を満たすための言葉を獲得するだけで、いとも簡単に実現してしまいます。

月収30万円の人が、月収１００万円になりたいと思っても、その人が月収30万円を稼ぐのがやっとという現実世界で生きている限り、月収１００万円になるのは難しいこと。その方法がわからないのですから。だから、願いが叶わないのです。

だったらどうするかと言うと、**現実世界の外側にある概念を取り入れる**のです。新たな概念を取り入れることで、新しい道が開かれていきます。

最初に申し上げた通り、私は会社を辞めた当時、何をして稼げばいいのか全くわかりませんでした。まさか今からアイドル歌手になることもできず、医者や弁護士になるにも、能力以前に時間がかかりすぎます。それでもネットを使って細々と日銭を稼ぐくらいはできていたのですが、月収100万円どころか、ギリギリの綱渡りのような毎日でした。

そんなある日、友だちと一緒にブログを通して少人数の飲み会を企画しました。私や友だちのブログに興味を持ってくれる人が10名ほど集まりました。数日後、友だちのブログ経由で参加した初対面だった男性からメールをいただきました。

「Qさん（著者のニックネーム）のご縁で、私の『セミナー』に一人ご参加いただけました！　ありがとうございました！」

セミナー？　なんだそれは？

さっそくその男性に「セミナーとやら」について聞いてみました。それは自分なんかでもできるものなのか……。するとこう言われました。

「Qさんは、お話も上手だし、むしろ僕なんかより、セミナー講師が向いているんじゃないんですか？」

そう言われると、できそうだ。そして、やってみたい。ただ、何をどうすればいいのかわからなかったので、その方に「よかったら、僕も一緒に、コラボ的な感じでやらせてもらえませんか？」と打診すると、「よろこんで」と快諾していただきました。こうして２００７年６月９日、私はセミナー講師としてデビューを果たしたのです。

その最初のセミナーは好評で、なかにはセミナー評論家をされている方がいらして、終わったあとに声をかけられました。

「石田先生、どれくらいセミナーをされているんですか？」
「いや、今日が初めてです」
「え！　もう10年くらいされているのかと思いましたよ」

評論家に絶賛してもらえただけでなく、参加してくれた24名の方ももっと話を聞きたいと、私のセミナーにリピーターとして来てくれました。

「これは、いけるんじゃないか」

私のなかに確信が芽生えた瞬間でした。こうして、**セミナー講師という概念（言葉）を外部から取り入れ、セミナー講師という仕事の認識を得た**ことで天職を見つけ、10年たった今でもセミナー講師として活動しています。最近は1000人のホールで講演会をおこない、10年間で、初回から40倍もの動員ができたのも感慨深い話です。

人生を変えて、世界を広げる「三種の神器」

私たちは、感覚と言葉で認識を増やすことによって、世界を広げています。例えば、電気を発明したエジソンや、飛行機を実用化したライト兄弟、マッキントッシュやiPhoneの生みの親であるスティーブ・ジョブズなどは、新しい認識を取り入れ、社会を発展させていきました。

まれに見る天才と言われる人たちが、長い年月をかけて、私たちの世界観を少しずつ広げているのです。その結果、私たちの生活はどんどん便利になり、どんどんよくなっています。

だったら、私たちも人類の概念や認識を広げることがミッションなのかと言うと、そうとも限りません。

私たちの多くは、お金持ちになりたいとか、幸せな恋愛をしたいとか、モテたいなどの願望を達成できれば万々歳だし、それでいいのです。誰もがエジソンやジョブズになる必要もないし、彼らのやってきたことと比べたら、とっても簡単な願望です。

それらの願望を叶えるためには、先ほど言ったように、**認識を増やして、今認識していない世界の方法を取り入れること**が近道。そのためにとても有効なものは**次の３つ**です。

1 本
2 旅
3 人

私は、この3つを**「人生を変える三種の神器」**と呼んでいます。これらを日常に取り入れるだけで、人生は必ずよくなっていく。なぜなら、この3つには、新しい刺激がいっぱい詰まっているからです。

これまで自分が認識していなかったことを取り入れるチャンス！　そのことによって、現実世界をどんどん広げていけるのです。

1500円前後で100万円の価値がある「本」

私は、読書が大好きです。なぜなら、そこには成功するためのエッセンスがぎゅっと詰まっているから。1冊たった1500円くらいで、そのエッセンスを得られるのですから、こんなにも素晴らしいものはありません。

本を読めば、概念が広がり、脳が活性化するのがわかります。成功者と言われる人が書いた成功するための方法を、言葉として獲得できるのですから。

仕事で成功したければ、実績のあるコンサルタントの本や、売れているビジネス本などを買って読んでみる。さらには、それらの本の巻末に書いてある『推薦図書』というものを読んでみる。すると、頭のシナプスがつながり始めて、新しいアイデアがいくらでも浮かんでくるようになります。

私も著者の端くれとして言えるのですが、1冊の本を書くのに精も根も使い果たします。それは、私よりもずっとずっと有名で実績のある人も同じでしょう。場合によっては100億円以上の資産のつくり方が、出し惜しみせずにすべて書かれてあるような本もあります。読む人が読むと、100万円出しても惜しくないような内容も少なくありません。そう考えると、本というものはとても安いけれど、読むだけで100万円とか、場合によっては1億円以上の情報を得ているようなものです。

例えば、願望のなかでも「お金持ちになりたい！」という人はとても多いのですが、実は、**本書を読むくらいの日本語力のある人ならば、いくらでもお金持ちになれます。**お金を増やすためのノウハウは、もうすでにこの世の中にたくさん本として出回っているからです。

もちろん、実際にお金を稼ぐには、経験も必要かもしれません。しかし、今まで自分になかった発想や知識を取り込むことで、認識を増やし、**「（自分にも）できそうだ」という感覚がやってくれば、簡単にお金持ちになれる**のです。

10年くらい前にロンダ・バーン著『ザ・シークレット』（角川書店）から世界的な「引き寄せブーム」が巻き起こり、最近では『「引き寄せ」の教科書』（Clover出版）などで知られる奥平亜美衣さんが、日本人向けにわかりやすく「引き寄せの法則」を解説してくれています。奥平さんは、**「世の中でいちばん簡単に引き寄せられるのはお金である」**と述べており、私も激しく共感しています。

ダイエットは意志が弱いと難しいし、恋愛は相手のいることだからちょっと複雑だけど、お金は人間関係とは違い、自分次第なので、引き寄せるのがとても簡単。実際、奥平さんは、今とても豊かに暮らしています。

さあ、お金持ちになる「言葉」を読もう！

そこでせっかくなので、実際に「お金」を引き寄せてみませんか？

本書では「お金」を引き寄せる方法、テクニックをまだまだたくさんご紹介していきますが、ここでは外部から言葉を獲得することを目的として、お金を引き寄せるための良書を何冊か紹介したいと思います。

正直な話、これらをしっかり読んで実践することで、金輪際、お金に関する悩みを抱えることが不可能になります。いや、むしろ日本に住み、この本を読めるくらいの日本語力がある人にとって、そもそもお金で悩むことなどできません。

手始めに、今ご紹介した**奥平亜美衣著『「引き寄せ」の教科書』**は、難解になりがちな「引き寄せの法則」を、これでもかとばかりにわかりやすく解説してくれます。ワクワクすること、心地よいことを選択すれば、それと同じ波動（情報）の現実が引き寄せられる。もう、これだけで十分なのですが、もう少し確信をつかみたいと思う人は、次に進みましょう。

デール・カーネギー著『人を動かす』（創元社）は自己啓発の古典的名著ですが、今読んでも全く色あせない。なぜなら、人間の普遍的な真理の話だからです。例えば、「相手に重要感を持たせる」という法則を知り、実践するだけで、本当に相手は意のままに動きます。「お金を出させる」などと言うと語弊がありますが、卓越した営業マンは意識的・無意識的に完全にその法則を心得ています。矢沢永吉さんも高校生の頃、『人を動かす』を何度も読み、今でも実践しているとのこと。スターが読むような本なのです。

『人を動かす』がお金持ちになるための心得の本だとすれば、次はお金を稼ぐ具体的な方法を知る必要があります。即効性があるのがマーケティング本。**佐藤義典著『ド**

リルを売るには穴を売れ』（青春出版社）は、新人マーケッターがつぶれかけのイタリア料理屋を立て直すという物語をベースに、マーケティングの基礎と実践がわかりやすく解説されています。

さらに踏み込みたい人は**ロバート・チャルディーニ著『影響力の武器』（誠信書房）**などどうでしょう。「人はなぜ買うのか（買わされるのか）」を心理学とたくさんの事例で徹底的に解説する、ある種の禁断の書。

事例と言えば**竹田陽一・栢野克己《かやのかつみ》著『小さな会社★儲けのルール』（フォレスト出版）**も必読。個人や小さな会社が成功するためには「原理原則（ランチェスター経営戦略）」があり、一寸法師が大きな鬼に勝つ方法が、最新事例とともに解説されています。なぜか私も成功事例として紹介されています（笑）。

マーケティングの本は読めば読むほど稼ぎのシナプスがつながって、文字通りお金持ちになるための「認識」を広げることができます。そのうちに「できそうだ」という感覚がやってくれば大丈夫。ただ、自己啓発書、ビジネス書だけでもある程度お金を稼ぐことはできるものの、本当の意味での「安定」を手にするには、もう一歩進む必要があります。それは「教養」です。

坂本龍馬が好きな社長さんは、ソフトバンクの孫正義氏をはじめとして少なくありません。幕末の混沌を背景に、「私」を捨てて国や時代に身を捧げる龍馬の姿に熱くなる経営者の気持ちはよくわかりますが、そのモデルは言うまでもなく**司馬遼太郎著『竜馬がゆく』（文春文庫）**です。その意味では**『坂の上の雲』（文春文庫）**も多くの経営者の心をつかみ、実際、とあるインターネット調査によると、年収1000万円以上のビジネスマンの必読書として2冊が紹介されていました。

「愚者は経験に学び、賢者は歴史に学ぶ」という格言の通り、「歴史」を知ることはビジネスマンの教養として不可欠ながら、司馬遼太郎はあくまでエンタメ小説の色が濃く、本当の意味での歴史書ではありません。

そこでおススメなのが**ウィリアム・マクニール著『世界史』（中公文庫）**です。史観やイデオロギーを極力排し、唯物論的な因果関係を軸に歴史を概説する手法は、私たちがお金を稼ぐ上での「なぜ稼げるのか？／稼げないのか？」を考えるためのトレーニングになります。

さらに新しいものとして**ユヴァル・ノア・ハラリ著『サピエンス全史』（河出書房新社）**も必読中の必読です。オバマ元アメリカ大統領やビル・ゲイツも推薦する通り、人間の歴史と「これから」を考える上で極めて示唆に富みます。

すでに文章化された「歴史」を知ることは、私たちの認識を広げる上で大いに役立ちます。しかし、本当に重要なのは「これから」であり、**どのような仮説を立てるかによって、私たちの人生、端的に言えば収入が全く違ってきます。**

今から約30年後の「２０４５年」と聞いてピンときますか？

人口知能（ＡＩ）があらゆる人類の叡智を超える「シンギュラリティ（技術的特異点）」を迎えると言われる年であり、きっとその通りになるでしょう。そんな話をされても、自分には関係ない！　大半がそう思うでしょうが、実はたった30年後です。私が今の父親の年齢になる頃にはそんな世界に生きているのですよ！　そんな「全く新しい世界」にあなたはどんな「問い」を立てますか？

その「問い」が、そのままあなたの人生だとすればどうしましょう？　認識を広げるために良書を読むことは不可欠。その上で、新たな認識へと「問い」を投げかけることで、さらなる世界が広がっていくのです。

非日常を味わう「旅」は、世界観を広げるのにもってこい

人生を変える2つ目のキーワードは「旅」。

まさに旅は、非日常の連続。その体験は、感覚をフル回転させ、新しい言葉を獲得することで、認識を増やしていく貴重な時間です。

旅には新しい発見がたくさんあります。例えば、インドのトイレにはトイレットペーパーがないとか、町のいたるところに、普通に犬やヤギ、牛などが歩いているとか……。これらは、日本に住んでいたらわからないこと。そういう世界があることを見て、聞いて、感じるだけでも、世界が広がっていくことを実感できます。

私がアイスランドに行く機上、電子端末で読んでいた東浩紀著『弱いつながり 検索ワードを探す旅』(幻冬舎)に我が意を得たりな記述がありました。

「旅は『自分』ではなく『検索ワード』を変える」

ネットの世界にはありとあらゆる情報が氾濫しており、およそ必要な情報はすぐに取り出せる「自由な空間」と思いがちです。しかし、実際は自由でもなんでもありません。ネットでは基本的に見たいものしか見ないからです。

好きなブログをリーダーに登録し、近頃は親切にグノシー(Gunosy)のようなキュレーション(情報収集)サービスが、自分に関心ある情報を毎日届けてくれます。インターネットは自由なようでいて、これほど不自由な世界もありません。むしろお父さんから無理やりに『マンガ世界の歴史』を読まされている方が、よっぽど人生の自由度（選択肢）が広がります。

そんな檻をぶち破るのがまさに「旅」です。

「アルシング」と聞いてピンとくる人、どれくらいいるでしょうか？　おそらく「インジェラ」以上に馴染みのない言葉ではないかと思います。アルシングとは、アイスランドで始まった世界最古の議会のこと。アイスランドは、9世紀頃にノルウェー、デンマーク、アイルランド辺りからの移民でできた若い国で、当時の周辺国にいたような国王がいませんでした。ですが、バラバラだと国家として成り立たない。そこでアルシング（議会）というしくみを誰かが発案し、世界初の民主議会が発足したのです。それらの情報はアイスランドの大地に足を置いて初めて、ポケットからスマホを取り出してGoogleで調べたもの。

アイスランドに行くことがなければ、おそらく一生「アルシング」なんて言葉を検索することはなかったでしょう。その後、レンタカーでアルシングが開かれた場所に向かい、まさにその議場の丘の上に立ち、胸を熱くするのです。

それ自体はどうでもいい話ですが、その「どうでもいい話」が積もり積もればどうなるでしょう？　それはその人の個性となり、売りとなり、間違いなく「面白いやつ」として一目置かれるようになるのです。

リアルな旅と、それを補完するインターネット。20年前にバックパッカーとして世界一周したとき、アルバニアという国を生まれて初めて知ったのですが、どんな国なのか皆目見当がつきません。どうやら物騒で、だけど日本人はビザなしで入れるらしい。その程度の情報では、ハンガリーからルーマニア、ブルガリアと南下すれども、アルバニアとやらに寄るモチベーションは生まれません。

しかし、あのとき、ネットがあれば違っていたかもしれません。そんな思いを20年間持ち続けていたので、２０１５年にようやく訪れることができました。その頃、アルバニアには日本大使館がなかったので、パスポートを失くしたら一大事とヒヤヒヤしながら旅をしましたが、２０１７年からめでたく首都ティラナに在アルバニア日本大使館が設立されました。

どうでもいい話ばかりですが、**その積み重ねが「言葉」を獲得し、人生を豊かにします。その「豊かさ」が新たな認識を生み、世界を広げる**のです。

海外に行くお金も時間もない。そういう人も少なくないとは思います。だったら、自転車で箱根峠を越えてみてはどうでしょう？　静岡側は歩道が広く舗装されているのに、神奈川側は狭く急で危険だ、なんてどうでもいい話ができるようになります。

そんな体力もない？　それならば多摩川のウォーキングロードを散歩してみてはどうでしょう？　すると数々の雑草に出会えます。小さい頃からよく見かける雑草、これらには名前があるのだろうか？　そこでポケットからスマホを取り出し「雑草」で画像検索するのです。この雑草はイヌビエって名前なのか。イネ科なので麦や米の親戚。人間は食べないけど、インコの餌になるのか。

今や旅とネットは黄金バッテリー。そこから「どうでもいい話」をたくさん引き出すことで認識を新たにし、世界観がどんどん広がり、人生はますます豊かになります。そうは思いませんか？

他人との出会いが成功を連れてくる

人生を変える最後のキーワードは「人」に会う。先ほども話したように、私がセミナー講師という仕事を始めたのは、ある人から「セミナー講師」という言葉を聞いたことがきっかけでした。家にこもっていたら出会えなかった情報を、人と会うことで手にすることができたのです。

それ以前にも、私は「人生を変える出会い」をたくさん経験しています。さらに２つほど紹介したいと思います。２００３年12月、私はまだサラリーマンでした。すでに述べたように、私はダメサラリーマンで将来がとても不安でした。ちょうどその頃、インターネットではメルマガ（メールマガジン）が流行っており、私もいくつか読むともなしに購読していました。

そんなある日、武沢信行さんという経営コンサルタントが発行している『がんばれ社長！』というメルマガを受け取りました。たまに読む程度でしたが、なんと福岡に講演に来られるとのご案内が！

よくわからないながらも、清水の舞台から飛び降りるつもりで参加費の4000円を握って19時からの講演会に向かいました。50人ほどの比較的小さな講演会でしたが、武沢さんの話は私には難しすぎました。中国ビジネスがどうとかこうとか。しかし、安月給からはたいた4000円もの大金の元を取るために、一つでも何か持って帰らなければなりません。そこで唯一、私にも理解できたのが、「正月に目標設定しよう！」という話でした。

4000円を無駄にしないために、2004年1月1日、10の目標をエクセルに記入しました。会社での評価、人脈、体重、貯金など、とにかく10は並べるのですが、その7番目に「ホームページを公開する」と書いていました。前々から「旅と音楽のページ」でもつくろうと思って着手したものの、長らく放置していたのです。

書いてしまったからにはやらないと気持ちが悪い。空き時間にコンテンツを書き進め、ホームページビルダーというソフトで開設したのが、その年の5月。ついでに日記でも書いてみようと始めたのが、今でも毎日更新しているブログ「宇宙となかよし」で、これが私の人生を劇的に変えました。武沢さんと出会わなかったら、今の私はいないかもしれません。

ちなみにその講演会を主催していたのは、福岡でビジネス団体を主催する柳瀬さんという男性でした。その意味では柳瀬さんにも大変に感謝なのですが、その7年後にとある交流会で偶然にお会いしました。

私の方はしっかり覚えており、講演会主催のお礼を言おうと、改めて名刺交換に行きました。すると驚いたことに、名刺を交換した瞬間、「あ！　石田さんのブログ、読んでますよ！」と言われたのです。もちろん当時の講演会に私が参加していたことも覚えていませんし、その講演会をきっかけにブログを始めたことも知りません。

ある意味、私とブログとの出会いを演出してくれた柳瀬さんが、そのブログを密かに読んでいたなんて、その場で思わず泣きそうになりました。悟られず涙を浮かべていたとは思います。

人生が拡大する瞬間

もう一つ、私の人生を変えた出会いの話をさせてください。

2005年6月、会社を辞めて本格的にフリーランスの生活がスタートしました。しかし、勢いで逃げるように辞めた私には、食べていくためのスキルも資格もお客さんもありませんでした。それでいて貯金は30万円しかない。

そこで生きていく術として友人からネットワークビジネスに誘われました。世間的にはあまり印象のよい仕事ではありませんでしたが、背に腹はかえられず、手あたり次第にやるしかありません。

そのビジネスは人を勧誘してネズミ算式に組織を拡大することで収入を得るしくみなのですが、どうしても友人知人を誘うことには抵抗がある。そこで仲間の勧めで、ネットワークビジネス専門の「会員サイト」に登録しました。ネットワークビジネスに興味がある人だけのコミュニティで、勧誘のためのアポイントも容易に取れます。一定以上は有料になるのですが、私はそのサイトを使い倒しました。

とにかくたくさんの人と会う。１００人を目標に会いまくるしかない。そうやって毎日毎日アポイントを取ってビジネスの勧誘に勤しむのですが、そのサイトには一つ、大きな欠点がありました。確かに既存の友人・知人と違って、ビジネスの話をすることのストレスはあまりないのですが、アポイントを取った相手の方も自分のビジネスに引き入れたいのです。そのため、必然的に勧誘バトルが始まり、成績も決して芳しいものではありませんでした。

それでも頑張ってある男性の勧誘に成功しました。その方はたまたま私が扱っていたビジネスのコンテンツに興味があるとのことで、割とすんなり契約。そのとき、ほぼ目標の１００人目に届こうとしていました。

間もなく、その方は私にとあるＤＶＤをプレゼントしてくれました。パッケージもない単なるコピーＤＶＤで、内容はセールス研修のビデオとのこと。私に向いているのではないかとの話で譲っていただけたのです。

その2～3日後の夜中の11時頃、せっかくなので観てみました。昔の8ミリビデオのような劣悪な映像で、ホワイトボードの文字はおろか、研修講師の顔もよく見えません。ですが、結論から言うと、そのＤＶＤを見て私の人生は大きく変わりました。

講師の名前は加賀田晃氏。今でこそ20万部のベストセラー『営業マンはお願いするな！』（サンマーク出版）などで知られるものの、当時はネット上にもほとんど情報がない伝説の人物でした。加賀田氏のセールス研修はあまりにも効果が高いため、５年先まで研修依頼がビッシリ。口コミだけで研修の広告を打つ必要もないため、世に広く知られることがなかったのです。

私はそのＤＶＤを何度も何度も見て実践しました。するとネットワークビジネスの勧誘も面白いように決まるようになったのですが、間もなくその仕事からは人間関係のもつれによって手を引くことになりました。それでもＤＶＤのおかげで「売れる！」という信念と技術をインストールすることができたので、グッズの委託営業のような形でしばらく食いつなぐことができたのです。

ＤＶＤに感動しまくった私は、講師である加賀田氏と一度でもお会いしたい気持ちが募りました。しかし手がかりもなく3年が過ぎた頃、大阪のとある会社から電話がかかってきたのです。聞いてみると、私が加賀田氏について書いているブログを見つけ感動したとのこと。その会社は加賀田氏の公式ＤＶＤと研修を販売しており、すでにＤＶＤの内容を実践して成果を上げている私を、加賀田氏の研修に招待したいと言うのです。当日、感動の対面です。しかし、すぐに驚くことがわかりました。加賀田氏はなんと私の近所に住んでいたのです！　その事実だけでも、宇宙は私を応援してくれていると確信するしかありませんでした。

ふり返ってみると、もしもあのとき、めげてしまって１００人と会わなかったらＤＶＤにも出会っていない、実物の加賀田氏にも会えなかったし、宇宙を信頼するにも至らなかった。すべては**「人と会う、会いまくること」**によってなし得た奇跡だったのです！

このように、**本を読み、旅をして、人と会えば、必然的に認識を広げることになります**。世界がたくさんのいい言葉で満たされ、いい言葉が増えれば、思考は必ず影響を受けるので、必ずよくなる方向にしか人生のベクトルは向きません。本、旅、人によって、世界は思った方向にどんどん更新され、思い通りの人生へとつながるのです。

正直、ここまでの内容を読んで実践することで、お金に困ることはなくなるし、人生における不安のほとんどが消滅するはずです。ご紹介した本についても、すべて購入しても1万円未満で済みますし、すべて読み終わった時点であなたの人生は間違いなく読む前と変わっているはずです。これからも何度も何度も読み返し、それを軸に読書の枠を広げていくとよいでしょう。

そして気になる場所が見つかったら、どんどん出かけましょう。さらにいろいろな人と会いまくりましょう。それだけであなたの人生は100%好転し、収入もうなぎのぼりになることを保証します！

第2章　目に見えない部分に隠される願望実現化の構造

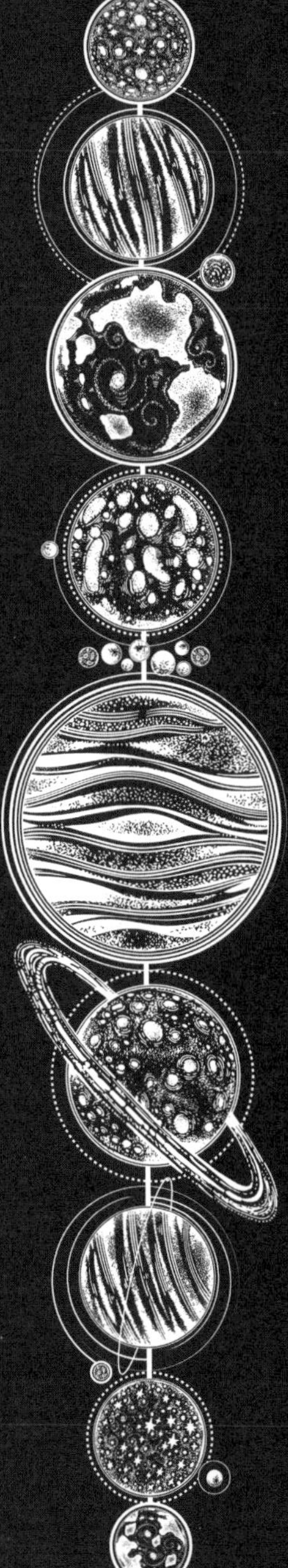

誰もが「幻想の世界」に生きている

現実は言葉によってつくられることについて話をしてきましたが、この章では、さらに深く、スピリチュアルな「次元」の視点から、言葉の持つパワーを見ていきます。

先ほど、私たちが「認識」しているものは、そもそも「関心」があって、「能力」もあるものと言いました。これは、22ページの「図1」の通り、それぞれの人がそれぞれの「フィルター」を通して世の中を見ているということです。

フィルターを取り除いた世界こそ「あるがままの世界」なのですが、誰一人として、あるがままの「リアルな世界」には生きておらず、「フィルター」をかけた「幻想の世界」に生きています。

まさに、「赤いレンズのサングラス」をかけて世の中を見ているようなもの。この世は無色透明であるにもかかわらず、レンズの赤いサングラスをかけて「この世の中は赤い」と言っているのです。

気付いている人が見るとおかしい光景ですが、当の本人は、24時間365日、赤いサングラスをかけ続けているので、もはやサングラスをかけていることも忘れ、赤い世界（幻想の世界）こそリアルと思い込んでいます。

ほとんどの人が、幻想の世界に生きていることを、まずきちんと理解してください。私たちの目の前の現実は、自分が認識している世界であって、フィルターを通して見た世界にすぎないのです。ですので、「自分は不幸だ」と嘆く人は、不幸なサングラスをかけているだけ。**リアルな世界は、「幸」も「不幸」もない。**これが真実です。

2500年前、お釈迦様は、あるがままの世界のことを「空」と表現しました。一切のフィルターから解放された真実の世界、それが空の世界。

この世界を**「0次元」**と言います。

あるがままの世界を見えなくさせる「自我」

あるがままの0次元の世界を見てみたいと思う人は少なくないでしょう。実は、0次元は誰もが昔、経験しています。

それは、生後間もない赤ちゃんの頃。私たちは生まれた瞬間、「あるがまま」に生き、すべてを「あるがまま」に受け入れ、ただ「あるがまま」に反応していました。物事に対して、意味づけをしたり、価値を考えたりすることはなく、眠いときに寝て、遊びたいときは遊んで、おなかがすけば泣いて……というふうに、「自分」というアイデンティティからも解放された自由な世界に生きていました。

ところが、「脳」が発達する過程で、いわゆる「自我」が拡大していきます。まずは、自分にいつもおっぱいを与えてくれる人を「母親」と認識し、その隣にいる男性を「父親」と認識し、さらには「自分」というものを認識し始める。成長するにつれて、親などから外的な刺激を受けながら、自分と自分以外のものが生まれ、好きなものと嫌いなものが分かれていきます。

加えて、**言葉を獲得することによって、「あるがまま」の世界は急速に切り分けられ、独自のフィルターを通した、独自の「世界」をつくりあげていった**のです。

こうして、次第に、あるがままのリアルな世界を忘れてしまい、独自の世界のなかで、「手に入れたいのに手に入らない」「本当はイヤだけど、断ったらまわりの人に嫌われてしまうかも」といった、さまざまな苦しみを自ら生み出したのです。

この自我の生み出す「苦」は、基本的に満たされることはありません。

例えば、「課長になりたい」という欲求が満たされても、「部長になりたい」という欲求が出てきます。それは、自我の本質とは**「欲求の拡大」**だから。その結果、「苦」を生み出すのです。

このように、自我により、あるがままの世界が切り分けられていく世界を**「1次元」**

と言い、言葉を獲得して独自のフィルターで「認識」する世界を**「2次元」**、それが「現実」となる世界を**「3次元」**と言います。

人は生まれながらに「空」だったにもかかわらず、「自我」が発芽し、「認識」と呼ばれる枝葉が伸び、「現実」と呼ばれる果実を結びます。まさに、人間とは、1本の木のような存在です。

もともと、地中にはあるがままとして存在しながら、自我として芽が出た瞬間、地面を突き破り、それぞれ別々の木として存在するようになるのです。それぞれの木はそれぞれの違いを認め、優劣を競い、ときには強い日光を浴び、雨風にさらされ、いずれは朽ち果てて土に還る。それが人の一生。

しかし、もとは地中に一切の区別も優劣もないものとして存在していた、ということを忘れて苦しんでいるのです。

種子＝あるがままの存在＝0次元＝点
発芽＝自我＝1次元＝直線

【図４】

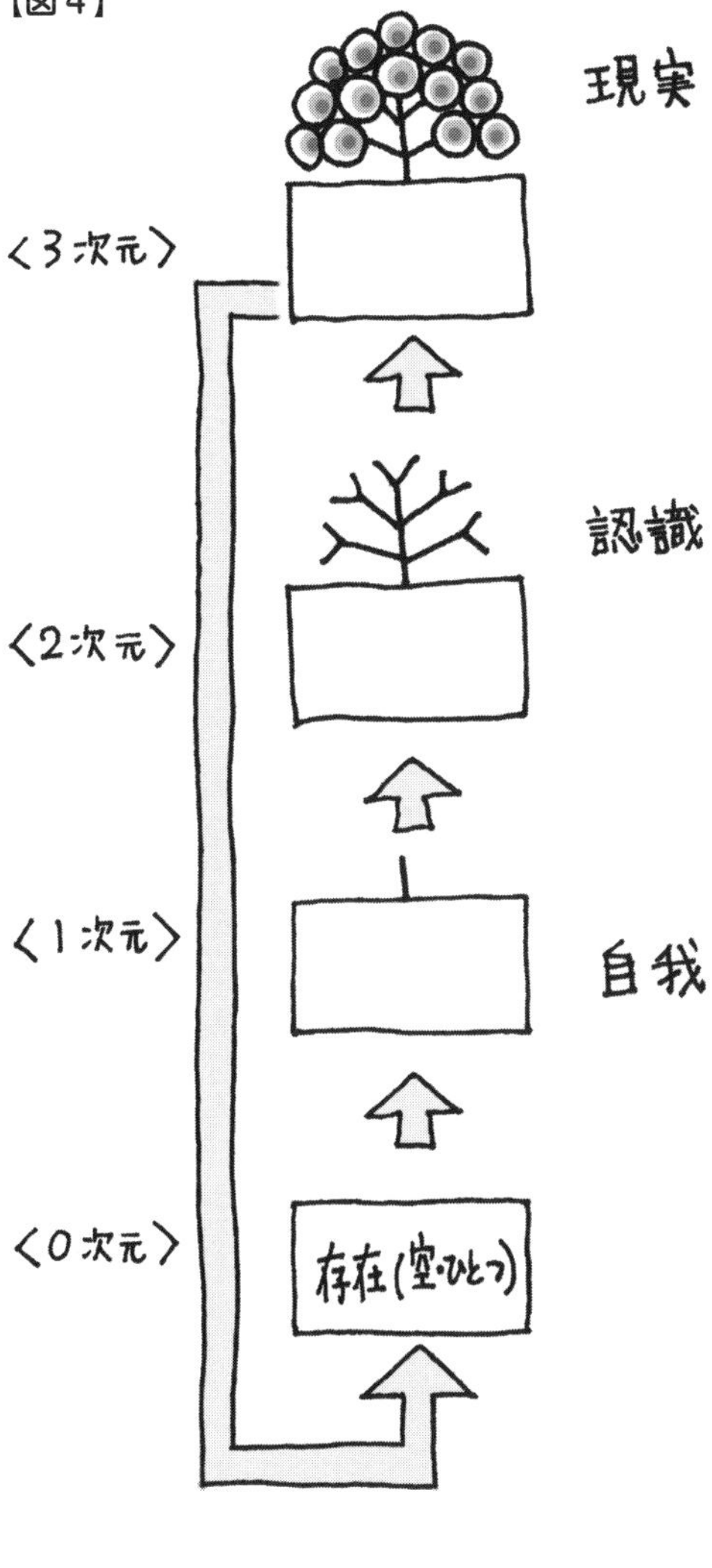

枝葉＝認識＝２次元＝平面
果実＝現実＝３次元＝立体

多次元を生きることで「苦」を超越する

肉体を持つ3次元にいる私たちは、「自我」の芽生えと、自分がつくったフィルターによって見た「認識」によって、「苦」を味わっています。

ところで、いったいなぜ人は「苦」を味わっているのでしょうか？

それは、0次元における絶対的な「喜び」を知るためです。0次元は、自我も認識もないあるがままの世界なので、何かと比較することがありません。つまり、そこには存在しているだけで素晴らしいという、絶対的な「喜び」しかないのです。でも、絶対的な喜びしかない世界で、絶対的な喜びを知ることはできません。自分自身が喜びそのものなので、喜びを客観的に観ることができないからです。

私たちが生きる意味は喜びを知ることにあります。だからこそ、その喜びを知るために、私たちは3次元で「苦」と直面し、苦しんだからこそ知る絶対的な「喜び」を体験しようとしているのです。「苦」はいわば、宇宙が人間に与えた最大のギフトなのです。

しかしながら、「苦」はそのものを味わうためのものではなく、それを超越することにこそ意義があります。では、どうすれば苦を乗り越えることができるのでしょうか?

一つ目の方法は天寿をまっとうすることです。死後は天国も地獄もなく、ただ絶対的な喜びだけが広がる世界なので、誰もがいつかはそこに帰ることになります。しかし、その日が来るまでは、苦を乗り越える生き方をするしかありません。

その方法がまさに願望実現です。苦は「自我」が生み出す願望と、現状とのギャップによって生じるもの。そのギャップが大きければ大きいほど苦しみも大きくなります。ギャップを小さくするために、願望を持たないという生き方もありますが、楽しくありません。

本書のテーマは、まさに願望実現によって苦を乗り越えることですが、そのために提案できることが、**０次元から５次元までの多次元的な生き方をすること**なのです。

苦は1次元の「自我」、2次元の「認識」、3次元の「現実」によって生み出されます。0次元のあるがままの「存在」に立ち返れば、苦も瞬時に消滅しますが、それは天寿のまっとうを待つしかありません。

願望実現において重要なのは、**設計図である「認識」を変えて、思い通りの「現実」を創造すること**。「認識」は「言葉＋感覚」で変わると説明した通りですが、例えば「できない」という言葉と感覚は、すぐさま「できる」には変えられません。同じ次元にいる限り、「できない」と「できる」の攻防に翻弄されるだけで、埒があきません。

そこでその突破口となるのが、メタレベル、つまり次元を上げることです。

2次元にある「言葉」を変えれば確かに現実も変わるのですが、口癖レベルの無意識の言葉はなかなか思ったようには変わりません。「できない」と「できる」の無限ループの攻防を突破するのが、まさに次元上昇することなのです。

【図５】

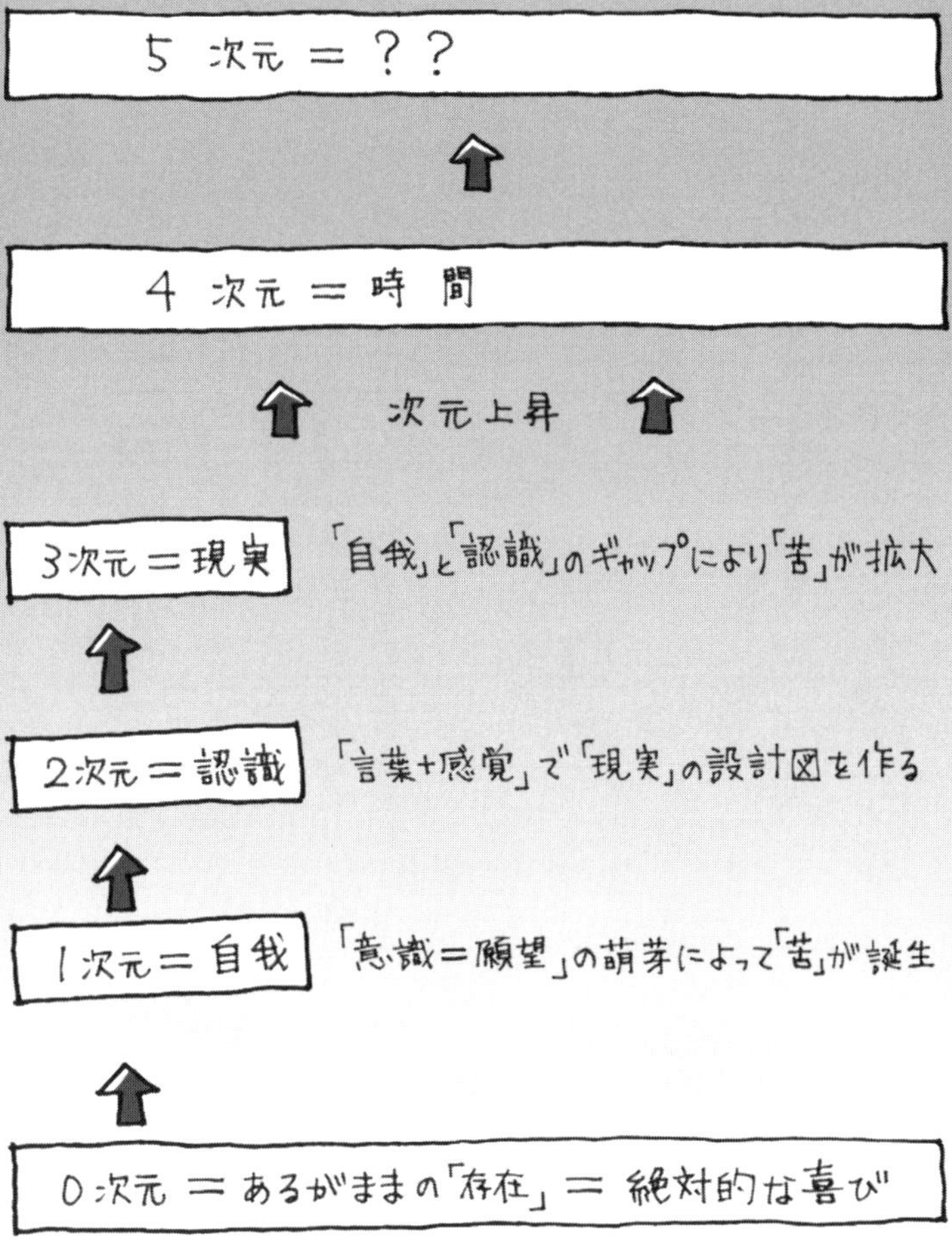
5 次元 ＝ ？？
4 次元 ＝ 時 間
次元上昇
3次元 ＝ 現実
「自我」と「認識」のギャップにより「苦」が拡大
2次元 ＝ 認識
「言葉＋感覚」で「現実」の設計図を作る
1次元 ＝ 自我
「意識＝願望」の萌芽によって「苦」が誕生
0次元 ＝ あるがままの「存在」 ＝ 絶対的な喜び

現実を超えた、4次元、5次元の世界とは？

そこで3次元の「現実」を超越する新たな次元である4次元と5次元の話に入りたいと思いますが、そのためには、1～3次元の復習もかねて説明していくことにします。

まず、直線しかない世界、それが1次元。直線の上に人が立っていて、その先にリンゴがあるとします。そのリンゴを取りたいけれど、その間には障害物があって進めない。その場合、2次元に移動するとリンゴを取ることができます。なぜなら、2次元は平面の世界だから。障害物を迂回するように横から回り込めば、直線上にあったリンゴは、横から簡単に取ることができます。

では、人とリンゴの間に強固な壁があり、その壁を壊せない場合、どうやってリンゴを取ればいいと思いますか？　２次元にいる限りリンゴを取ることはできませんが、3次元に進み、その壁の上によじ登れば、リンゴを取ることができるようになります。

つまり、立体の世界に行けば、リンゴを取れるのです。

【図６】

次に、絶対に壊せない箱のなかにリンゴが入っていて、そのリンゴを取りたい場合、どうすればいいでしょうか？

3次元のままでは取ることはできませんが、ここに「時間軸」が加わる4次元の世界に行くとリンゴを取ることができます。具体的には、その箱に入る前（過去）に戻れば、リンゴを取ることができるわけです。

【図7】

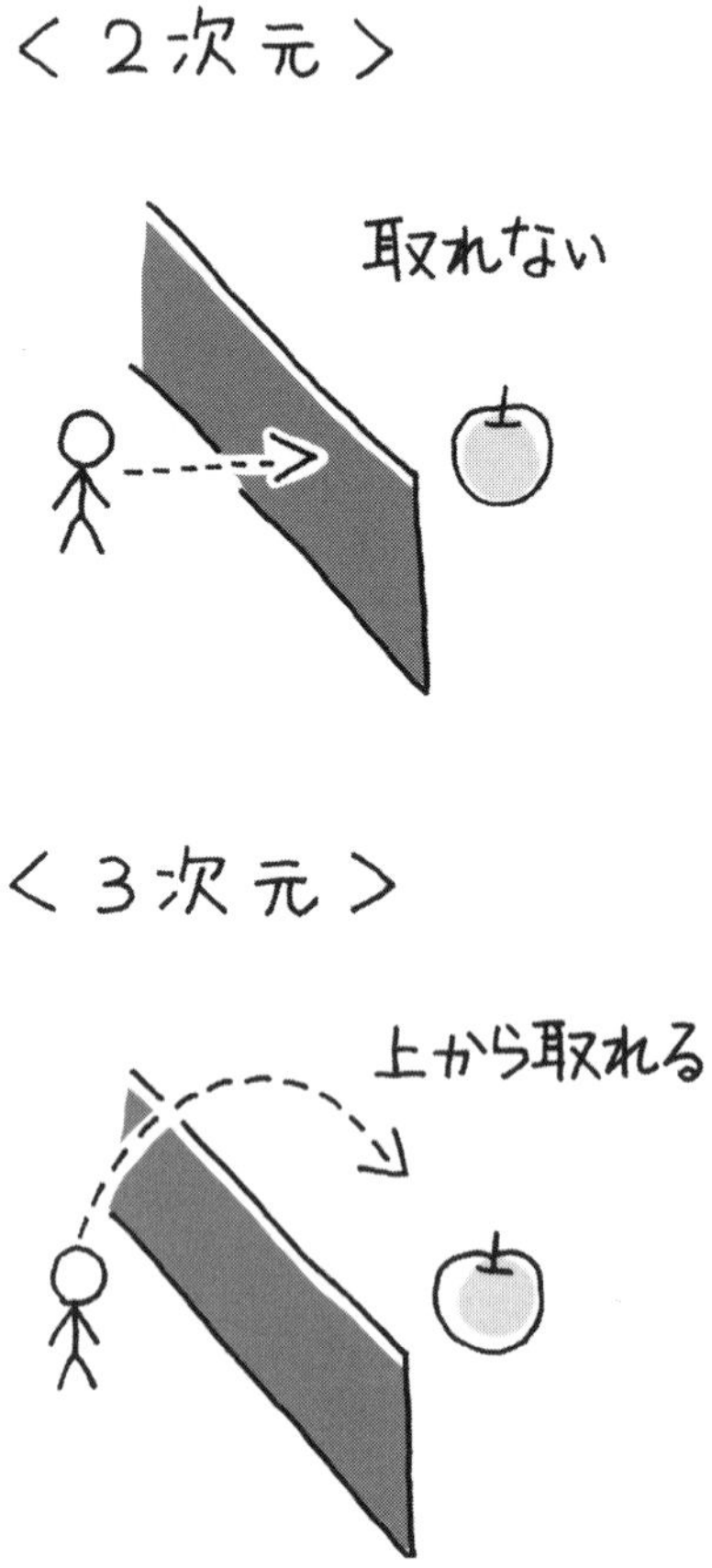

ちなみに、**４次元の世界に行くと、悩みがなくなります**。例えば、５年前に悩んでいたことを思い出してみてください。その悩みは、今どうなっていますか？　おそらく、ほとんどの人が、「今はありません」と答えるでしょう。

【図８】

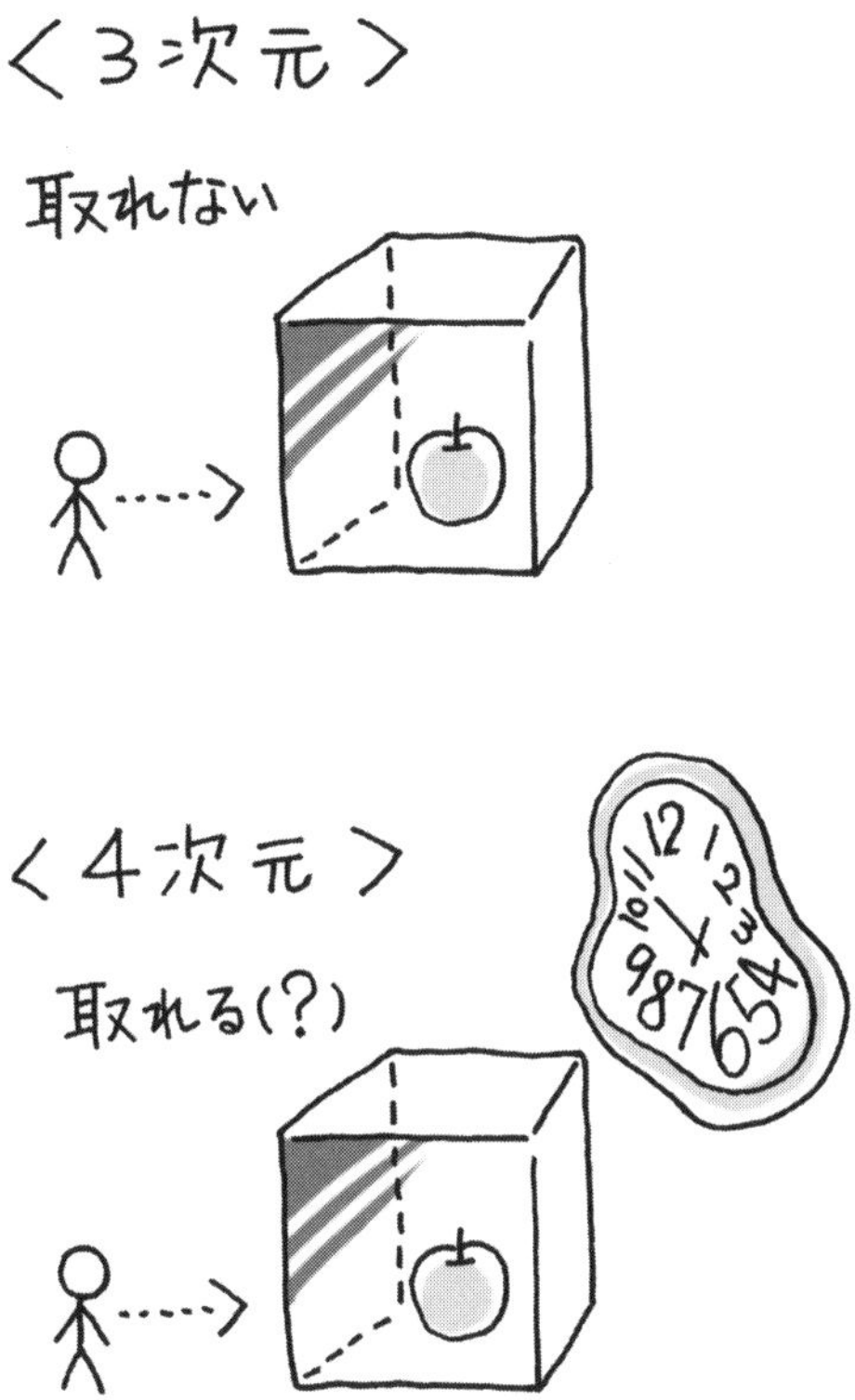

つまり、悩みとは消滅するもの。ということは、**今の悩みとは幻想にすぎないもの**と言えます。だから、悩みが生まれたら、「幻想」と考えるのです。すると、悩んでいることがバカらしくなっていきます。

では、リンゴと箱が同時に出現したとして、過去に行ってもリンゴを取り出すことができない場合は、どうしたらいいでしょうか?

その場合、5次元に行くとリンゴを取ることができます。

5次元とは、パラレルワールドとも言われていて、いろいろな3次元（現実）が存在する世界のこと。素粒子物理学のリサ・ランドール博士によると、3次元とはスライスしたパンのようなもの。つまり、他の3次元（スライス）も同時に存在する可能性があり、それぞれのパンは5次元と

【図9】

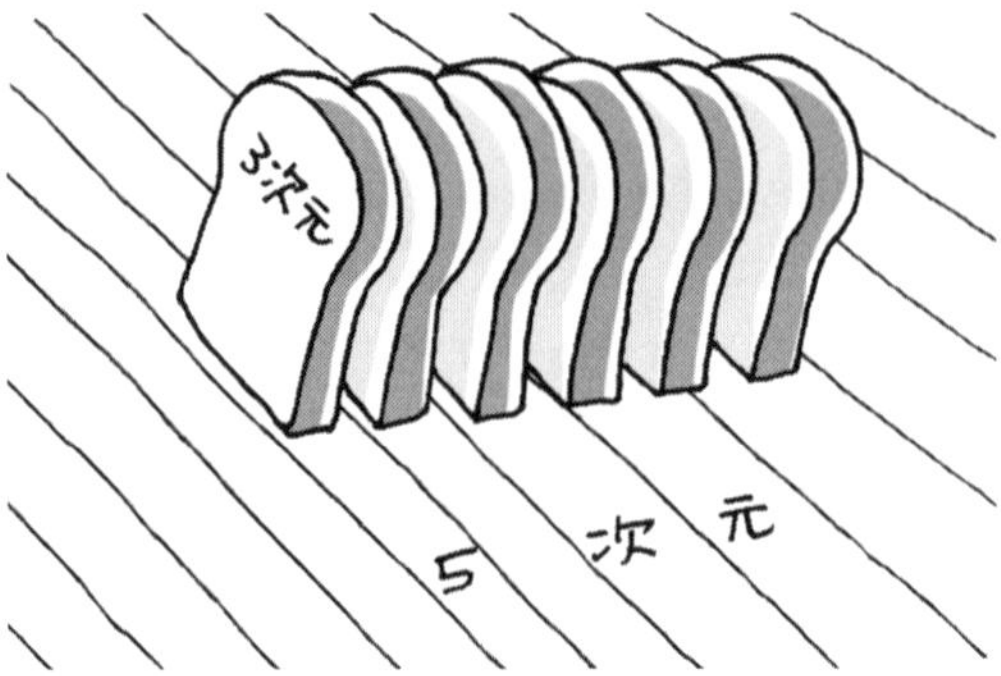

いう塊に張り付いていると言います。

例えば、今独身のキャリアウーマンだとしても、別の３次元には専業主婦になってリッチな生活をしている自分、起業して輝いている自分など、思いつくだけの無数の現実が存在しています。これらは、どれも自分の可能性。だから、どれか一つチョイスすることができるのです。

話をリンゴに戻すと、５次元においては、箱の外に出ているリンゴもあれば、簡単に取り出せる箱のなかにリンゴが入っているかもしれないし、そもそも箱が存在しないかもしれません。そのなかから一つ、リンゴを取り出せるものを選べば、リンゴを手にすることができるのです。

つまり、**自分が望む３次元を自分の意思で選ぶことができる、そんな夢のような世界が５次元**なのです。

この世には、あらゆる願いを叶える達人がいる！

5次元の話を聞いて、それはSFの世界でしょ、と思いましたか？
いや、現実に5次元の世界で生きている人はいます。**その人たちは、「思いの力」を使えば、どんな現実でも手にできることを知っています。**私のまわりにも何人かいて、彼ら彼女らは、思った瞬間に、それと同じことが現実に形成されています。

例えば、日常のことで言えば「アイスクリームが食べたいな」と思ったら、家族の誰かがアイスクリームを買って帰ってきたり、「○○さんの声が聞きたいな」と思ったら、その直後、○○さんから電話がかかってきたりと……。そういうシンクロを体験したことがある人もいるでしょう。これは、5次元の世界を体験している証拠です。

これが当たり前になると、もう少し大きい現実がやってきます。例えば、「本を出したいな」と思っていたら、ブログを見た編集者さんから連絡があって本を出版することになったり、「パリに行きたいな」と思っていたら、友だちにパリ旅行に誘われて、急きょ行くことが決まったり。

また、私の知り合いから聞いた話では、ゴルフコースで、「ホールインワンしたらいいな」と思ったら、本当にホールインワンになった人がいるそうです。おめでたいことではありますが、まわりにホールインワンのお祝いを振る舞うのが大変なので、ゴルフコースでは、ホールインワンしたいと思わないようにしているとか。

こんなふうに、「思いの力」だけで、自由自在に3次元をワープして、願ったことを現実にしてしまう人たちがいるのです。

「それは特別な人でしょ」と思うかもしれません。しかし、実は私たち人間は、思ったことをなんでも叶えることのできる存在です。なのに、**この3次元の星、地球に生まれ、自分は3次元でしか生きられない存在だと思い込むうちに、自分の力を制限しているだけの話**。私たちは、どこまでも無限の可能性を持っている存在。思うだけで願いが叶う世界は確実に存在するのです。

ネガティブ思考の人は、なぜ夢を実現できないのか？

思うだけで叶う世界――そんな世界に行きたいと、誰もが願いますよね。では、ここで質問です。

「自分が思っていることが本当にすべて叶う世界に行けるとしたら、行きたいですか？　そこは、思ったことがなんでも叶うので、イヤなことを思っても現実になる世界です」

そう言われると、う～んと悩む人も多いのでは？　イヤなことを思っても現実になる世界なので、「あいつ、事故ればいいのに……」と思ったら、本当に事故が起こってしまう。そうなったら、「私が思ったせいで、あの人を不幸にしてしまった」と罪悪感や後悔に苛まれないでしょうか。

そうなると困るので、**宇宙は「今は、きちんとした言葉を使って、いい現実をつくるための修行期間」にしてくれているの**です。だから、ネガティブなことを思う人は、5次元の世界には行けなくて当然。

でも、これを悪いことと思わないで欲しいのです。5次元に行けないのは、その人にとっては幸いなこと。ネガティブなことがしょっちゅう起こったら精神的にも肉体的にも身がもたない。宇宙は願いを叶えさせないことで、あなたを守っているのです。

もう自分はネガティブなことは思わない、思おうと思っても思えない、すべてが感謝に思える、そうなったときに、思ったことはすべて叶えられる5次元の世界に行けるのです。

ついに公開！　多次元願望実現法！

さて、これまで0次元から5次元までのしくみについて説明してきましたが、ちょっと小難しい、それが願いを叶えることとどう関係があるのか、と思う人もいるでしょう。ではここで、0～5次元の理論がどのように私たちの願望を叶えるものか、「月収100万円」を例にシミュレーションしてみたいと思います。

【0次元】　月収100万円どころか、現実世界には何もありません。空間も時間もない、あなたも私もいない。生も死もない。何もない。そう思わせながら、「存在」はある。存在とは「点」のこと。点とは「位置」だけあって、面積、実体がない。インド人が発見したと言われる「0（ゼロ）」は何もないわけじゃなく、座標軸で言うなら原点がある。つまり、そこがスタートで、すべての源。

【1次元】スタート地点から1本の線が伸びた。これが「自我」の芽生えで、デカルト風に言うなら「われ思う」（認識のあり方について、あらゆるものの存在を疑ってみたところで、その疑っている私の存在だけは疑い得ないという自我の存在証明）が生まれた。具体的に何を思うかはともかく、「われ思う」という方向性が芽生えました。

【2次元】では、「われ思う」は何を思いましょうか？　ここで「月収100万円」を思うのです。つまり「月収100万円」という言葉であり「認識」が生まれます。ただし、この段階では2次元の平面、つまり設計図があるだけで、現実には何も建っていません。それでも設計図がなければ、何もできないので、まずは「月収100万円」という言葉を吐き出します。

【3次元】本来であれば、「月収100万円」の設計図に基づいて、月収100万円の現実がやってくるのですが、そう簡単ではありません。どうやら設計図がまだまだ粗くリアリティに乏しい。こんな不十分な設計図で家

を建てても、途中で崩壊するのが目に見えている。現実はなかなか厳しい。

【4次元】 そこで2次元の設計図をもっともっと完成に近づけるために、「未来」に向かってしっかりイメージングしましょう。どんな家を建てたいかと同じように、月収100万円の自分はどんな自分か、何をしているか、どんな気分でいるか、できる限りくっきりとイメージします。

と同時に、月収100万円のやり方を「過去」から学びます。ここで「本」が登場。しっかり稼ぎ方を勉強しましょう。セミナーに参加して「人」に会うでもいい。「旅」を通してイメージを高めてもいい。

未来に対してはイメージング、過去に対してはリソース（資源、やり方など）を拾い集める。そうやって2次元の設計図を細かく完成に近づけるのです。

【5次元】最後のとどめに「月収100万円」の自分に今ここでなり切る。今いる3次元は「月収30万円」かもしれないけど、隣のパンのスライスには月収100万円の自分がいるから、そこにワープしちゃえばいい。

ワープする方法は簡単。「思いの力」を使ってなり切ればいい。なり切ることで「月収100万円」の自分へとワープできたらもう大丈夫。

一応、地球は3次元の制約を受けているので、若干のタイムラグはあれどきちんと月収100万円になりますから。

ただ、なかなかなり切るのが難しい？　だったらもう一度、4次元に戻って未来と過去を行ったり来たりしましょう。

NLP（神経言語プログラム）という心理療法には「タイムライン」という技法があり、これがまさになり切りのワーク。それ自体は疑似体験にすぎないのだけど、地面に1本の線を引き、前が未来、後ろが過去などと決めた上で、文字通り行ったり来たりします。いろいろなビジョンが見えてくるでしょうが、それで終わらず、普段からしっかりイメージングし、夢を語り勉強しましょう。

それでもなお、月収100万円は難しい？　だったら2次元まで戻って「月収50万円」くらいにしたらどうでしょう？　どうしても制約はあるので、できそうな範囲から少しずつリアリティを積み重ねてもいいわけです。

確かに世の中には思うだけで実現してしまう「5次元人」もいるけど、その人たちだって程度問題なところはあります。月収100万円くらいならすぐに実現したとしても、月収1億円となるとちょっと難しそう。ただ、本当の5次元人は最初から「叶う願い」しかしない傾向があるので、月収1億円を押し付けても無駄でしょう。5次元人はとにかくわがまま、好き勝手、自分軸。だけど、そんな軸で生きているからこそ、「思いの力」だけで現実創造する5次元人になるのです。

２次元、４次元、５次元と一般的な順番はありますが、できることなら5次元人のように、すべてをすっ飛ばして現実創造できる人間になりたいものです。

「お任せ」すると、「お任せ」の現実しか返ってこない

いわゆる5次元人にせよ、それ以前の願望実現のエリートにせよ、「思いの力」はしっかり持っています。だけど、決して力んでいるのではなく、明日も東から太陽が昇るようなレベルで自然に確信しているのが特徴。

そこでもう一つ質問です。

「私は今、３億円を手にしています。そして誰かにあげたくて仕方ありません。そこで、あなたの後ろに29人が並んでいるのですが、先頭にいるあなたは私からいくらでももらう権利があります。後ろの29人も同様ですが、私は3億円しか持っていないの

で、なくなったら終わりです。さて、先頭のあなたは私にいくら下さいと言いますか？」

この話、セミナーでもしばしばするのですが、一応、選択肢を与えています。

①　3億円
②　1億円
③　1000万円
④　100万円
⑤　10万円
⑥　1万円
⑦　お任せ

あなたにも選んで欲しいのですが、セミナーではどれが多かったと思いますか？

なんと「⑦お任せ」がいちばん多く、半数近くが手を上げるのですよ！

でも、本当にお任せでいいのでしょうか？

「お任せだったら、1円ね」と言われる可能性だってあります。それでも、不満を抱かなければそれはそれでいいのですが、「せめて、10万円くらいはくれると思った……」なんて不満をぶつけられても、お任せと言った手前、文句は言えないのです。つまり、「自分で選ぶ」という大前提に立たなければ、何も手にすることはできないのです。

実は、この状況、日常生活でもやっていませんか？
「何食べたい？」と聞かれて、「なんでもいいよ」。
「どこに行きたい？」と聞かれて「どこでもいいよ」。
「どれ選ぶ？」と聞かれて、「どれでもいいよ」。

これでは、自分の願いなど叶えられっこありません。**欲しいものを明確にすることが大事であって、思いを言葉にしたものが現実になっていく**のですから。今日から、相手に任せない、自分の思いはちゃんと言葉にする、そのことを徹底することです。

５次元人や願望実現のエリートたちは、「お任せ」なんてことはせず、自分がやりたいこと、やりたくないこと、欲しいもの、欲しくないものを、常に明確にしています。そうすることでいつでも、思ったこと、言葉にしたことが現実になっていくのです。

ビッグマウスは宇宙に嫌われる

「だったら、これからハッタリでもなんでも言いまくろう！」

それはそれでよさそうな気もするのですが、逆効果なこともあります。

２０１５年、私の友人のある格闘家がタイトルをかけて争うことになりました。友人が挑戦者であり、相手のチャンピオンは友人よりも15歳も若い注目の選手。年齢的にもまだ高校生だったと思います。そして友人は、過去に一度そのチャンピオンに敗北しています。

私は１０００％の勢いで友人を応援しながらも、ちょっと残酷なカードに思えてなりませんでした。10代でチャンピオンになったこれからの注目株と、かたや30代で一度もチャンピオンになったことがない、いわばロートル選手。若きチャンピオンがベテランの選手に引導を渡す。そんな試合に思えてならないし、もしかしたら関係者サイドもそう思っていたのかもしれません。

だけど、とにかく友人を全力で応援するしかない。

相手のチャンピオンは、どんなにすごい選手なのだろうかと思い、思わずフェイスブックとツイッターを覗いてしまいました。すると、すでに勝ち誇ったような態度で、「明日はボコボコにして引退させたるぜ！」「はやく焼き肉食いて〜」などとつぶやかれていました。

一方、友人の挑戦者はと言うと、沈黙を守って、たんたんとタイトルマッチへの準備をしていました。これまでのすべてを出し切るように集中して臨んだ試合。

結果は……。新チャンピオンの誕生！　フェイスブックでそのニュースを目にしたとき、思わず「やった〜！」と叫び、その日は祭りのごとく拡散しまくりました。実際、その友人のまわりも完全なるお祭り状態でしたが……。

実は後付けに聞こえるかもしれませんが、私は試合前の両選手の様子を見て、「これはきっと新チャンピオンが誕生するんじゃないか！（友人の勝ち）」と思わずにいられませんでした。もちろん相手の選手も試合に向けて真剣に練習を重ね、苦しい減量にも耐えてきました。ですが、その選手の「言葉」には、自分だけの力で勝ってやるという、一流らしからぬ態度しか感じられなかったのです。

一方の友人は、沈黙を貫きながら、最後の最後まで精一杯やり尽くすしかない。「人事を尽くして天命を待つ」のごとく、最後は自分だけの力ではなく、ジムの仲間たち、応援してくれるファンの人たち、両親、友人、そして「目に見えない何か」の力を信じて挑む、とても大きな姿と意気込みが伝わってきました。

やはり、人生には「謙虚」「感謝」「畏怖」というものが大事なのです。

何か偉業を成し遂げる人というのは、必ず見えない世界への敬意を持っている。大いなるパワーを信じることで、宇宙が味方してくれるのです。

ときにはハッタリや大口、ビッグマウスも大切な場面はありますが、それと**「思いの力」**や**「言葉の重み」とが必ずしもイコールであるとは限りません。**むしろ口数こそ少なくとも、やることをやり尽くした最後に「宇宙」の力を信じて、「明日は勝ちます」と一言つぶやく方がよっぽど重たい。

「思いの力」だけで現実創造する5次元人たちも、言葉数が多いわけではありません。

ですが、ここぞの場面の**「～するよ！」と笑顔から出る一言に、ずっしり響く説得力を感じる**のです。その重さはまさに宇宙の重さ。

人生に勝利する人、願望実現のエリート、そして5次元人たちは、「言葉」に「宇宙」が宿っています。そして本書を読み終わった頃には、あなたの「言葉」にもきっと「宇宙」がついていることでしょう。

ちなみに蛇足ですが、先ほどの友人格闘家、あれから2年たった今もしっかり防衛を重ね、さらに別の団体でもチャンピオンとなり、格闘技雑誌から「中年チャンピオン」と評されながら、今も立派に２本のベルトを巻いています。

"How to unlock the power of language and change your life"

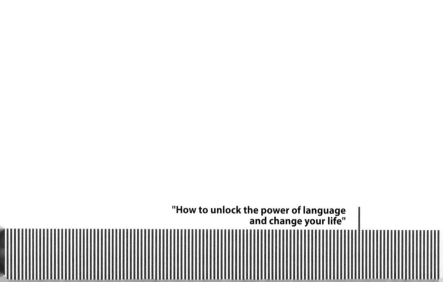

第3章　潜在意識に「願い」を受け入れてもらう言葉の使い方

潜在意識ってどんなもの？

「潜在意識に望みを刻み込めば、願いが叶う」という話は、聞いたことがある人もいるでしょう。そう、ほとんどの自己啓発書は、この言葉に収束されています。

でも、どうやって？

この章では、潜在意識に願いを受け入れてもらうために、どう言葉を扱えばいいのかを見ていくことにします。

ところで、潜在意識ってどんなものでしょうか？　改めて問われると、きちんと答えられない人も多いのでは。わかるようで、わからない……そんなあいまいなイメージ、それが潜在意識です。

潜在意識（自覚できていない意識、別名「無意識」とも言います）は、意識（自覚している意識）の2万倍もの力を持っています。図にすると、左のような氷山の一角のように表現されることが多く、目に見える顕在化した情報はほんの一部で、実際には目に見えない潜在的な情報がほとんどを占める、ということをあらわしています。

例えば、車を運転するとき、免許を取り立ての頃は、道路の標識や道順などに注意しながら走るため、慎重に運転しますよね。しかし、慣れてくると鼻歌を歌いながらでも、スムーズに運転できるようになる。これは、無意識でも運転することができるようになったからです。

【図10】

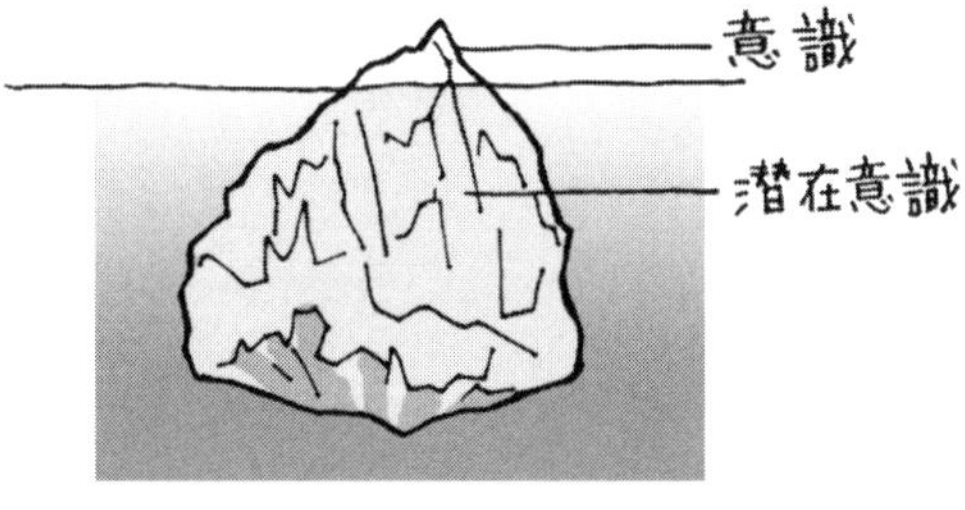

このように、潜在意識に一度入ってしまえば、いちいち考えなくても願望は思いのまま実現することができるようになるということです。

だからこそ、多くの人が願望実現のために、潜在意識に願いを刻み込もうと、いろいろな手法を考えます。でも、願いが叶わない……。なぜなら、潜在意識が願望を受け入れるためのメカニズムが理解されていないからです。

母のガンを言い当てた熟達した医者 潜在意識への誤解

潜在意識に対して、多くの人は誤解しています。先ほどの氷山の図を見ると、海面から出ている部分が意識、海面の下にあるのが潜在意識となっているので、意識は目に見えて、潜在意識は目に見えないというふうにとらえがちです。

しかし、**実際はその逆で、意識は目に見えず、潜在意識は目に見える**という説が正解です。

では、潜在意識はどのように目に見えているのかと言うと、身体・感覚にあらわれ

ています。一方、意識は、目に見えない言葉や思考にあらわれています。

例えば、私の母は、数年前にリンパガンであることがわかりました。当時、母は風邪をひいて、近所のかかりつけの内科で薬をもらって飲んでいましたが、いくら薬を飲んでも治らないので、大きな病院に行ったのです。すると、お医者さんがじーっと考えて、「ＰＥＴ検査（ガンの検査）をしましょう」と言うので、言われるがままに検査をしたところ、リンパガンが見つかりました。

いったいなぜ、そのお医者さんは、母のリンパガンを見つけられたのか。それは、診察をしたときに「なんとなくおかしい」と感じたからでしょう。大病院の医者は日々大勢を診察し、いろいろな症状を見ています。その鍛錬された感覚によって、母さえ自覚していなかったガンというものを身体を通して見抜いたのです。その先生に母のガンを見つけていただき、ちゃんと治療をした結果、今では母は元気にピンピンしています。

このように、熟達者は、自分でも気が付かないような微妙な身体的変化を察知することができます。それは、身体にあらわれている潜在意識をキャッチしたから。研ぎ澄まされた感覚があれば、わずかな変化を見逃すことなく、潜在意識を読むことができるのです。

くるぶしを見ただけで、脈拍を言い当てたセラピスト

私はセラピストとして活動を始めた当初、とにかく経験を積むために、朝の9時から夜の9時頃まで、1日12人ぶっ続けでセッションをしたことがよくありました。すると、後半を過ぎた頃から第六感が働いてきたのか、部屋に入ってきただけで、その人の悩みがだいたいわかるようになってきたのです！

これは、私に超能力があるわけではありません。訓練すればするほど、誰でも相手の潜在意識がわかるようになってくるのです。

世界的な天才セラピスト、故・ミルトン・エリクソンは、この身体的な微妙な変化を察知する達人でした。彼は少年時代、ポリオと呼ばれる重度の脳性まひを患い、歩くことや食べることはおろか、自分でコントロールできるのは呼吸と瞬きだけの生活でした。一日中車椅子に座ったまま何をしていたのかと言うと、彼は周囲をひたすら観察し、そして、自分の潜在意識と対話をしていたのです。

その結果、エリクソンは、他人のくるぶしを見ただけで、正確に脈拍を言い当てることができたり、先ほど目に見えないと言った「思考」でさえ、相手が何を考えているのかを言い当てることができる能力を身につけました。

どうやら、**人は何かを思考したとき、その言葉の発音通りに喉が動いているらしく**、エリクソンはその喉の動きを見るだけで、考えていることを言い当てることができたのです。

エリクソンは、ポリオを完治させることはありませんでしたが、自己との対話によって、日常生活に支障のない程度にまで身体を動かすことができるようになりました。私生活では、複数回結婚をして、子だくさんの幸せな人生を送ったそうです。このように、**潜在意識とは微細な変化で肉体にあらわれているもの**。それを読み解くことができれば、相手の心を読み解くことさえできるのです。

言葉と感覚は、互いに補完し合う関係である

意識とは、「今、私は○○と思っている」というふうに自覚できる意識のことです。その意識のあらわれが言葉。私たちは誰でも意識するときに必ず言葉を使います。「あの人はカッコイイ」「明日は会いたくない」「スパゲッティ食べたいな」など。どんなことも、言葉を使わずに意識することはできません。つまり、**言葉にできること、思考しうるものは、すべて意識**と言えます。

そこで、改めて意識について考えてみましょう。

まず、２人で向かい合い、相手が何を考えているのかを当てるゲームをしてください。おそらく、ほとんど当たらないはず。

私もよくセミナーで、「今、僕が思い浮かべている人を当ててください」と言います。このネタは私のセミナーの鉄板なので、セミナーに出席した方はよくご存じですが、初めてセミナーに来た方で、まだ当てた人に出会ったことはありません。

私が思い浮かべる人。それは「新田純一」。新田純一さんは80年代のアイドル。40代以上の人は、「あ〜」と懐かしい声をあげますが、若い人にとっては「誰それ？」という感じ。突拍子もない人物を思っている私の思考を読み取ることは、先ほどのミルトン・エリクソンでもなければ難しいでしょう。つまり、思考や言葉である意識は、目に見えないものと言えます。

ただし、過去に1名だけ「マッチ（近藤真彦）」と答えた方がいらっしゃり、そのときばかりはビックリしたものです（新田純一は近藤真彦そっくりのアイドルだったから）。

加えて、言葉とは不便なものです。

例えば、「砂糖って何？」と聞かれたら、おそらく多くの人は、「甘いもの」と答えます。では「甘いって何？」って聞かれたらどう答えるでしょうか。甘さを知らない人に、言葉だけで甘いを体験させることはできません。

脳科学者の茂木健一郎氏は、「砂糖の甘さを言葉であらわすことができたら、ノーベル賞級だ」と述べています。甘いというのは感覚語だからこそ、言葉で言いあらわすことが難しい。それでも私たちが「甘い」と言われて通じるのは、甘いという感覚を知っているからです。このように、**言葉（意識）だけでは理解できないものも、共通の感覚（潜在意識）があれば理解できる**のです。

この現実世界も同様、世界の本質を言葉だけで説明するには限界があります。むしろ世界の本質は言葉で表現できない部分にあり、それがまさに「感覚」なのです。言葉はそれを部分的に説明する道具にすぎません。なのに、言葉がなぜ大事なのかと言うと、前にも説明した通り、

「認識」＝「感覚」＋「言葉」

という方程式があらわすように、認識をして世界を広げていくには、感覚だけでは不十分だからです。感覚的につかんでいることを言葉にして切り分けた瞬間、「認識」として成立します。

私たちは、潜在意識と意識を組み合わせて、この世の認識を広げているのです。

言葉の魔術師は、言葉を使って相手の身体と感覚を揺さぶる

言葉は目に見えません。でも、確実に身体や感覚（潜在意識）に影響しています。それは、いい意味でも悪い意味でも。

言葉が身体に影響する代表例は、村上春樹の小説。「ハルキスト」と言われるほど、彼には熱狂的なファンがついている理由、それは、豊富なボキャブラリーで、感覚の世界に読者を入り込ませてしまうからです。少し例をあげてみますね。

「『もしもし』と女が言った。それはまるで安定の悪いテーブルに薄いグラスをそっと載せるようなしゃべり方だった」（風の歌を聴け）

「街路灯は同じ間隔を保ちながら、世界につけられた目盛のようにどこまでも続いている」（海辺のカフカ）

「私、あなたのしゃべり方すごく好きよ。きれいに壁土を塗ってるみたいで」（ノルウェイの森）

実は私も村上春樹はほとんど読んでいるのですが、毎回、裏切られます。例えば池井戸潤や東野圭吾の小説であれば、ストーリーにいくつも伏線を張りながら、最後の最後にすべて回収して読者をスッキリさせるのですが、村上春樹は必ずしもそうじゃありません。伏線を張るだけ張って、引っ張るだけ引っ張って、全く回収せずに終わることがありヤキモキするのですが、それでも毎回読んでしまいます。

つまり、村上春樹の醍醐味は物語の起承転結ではなく、その言葉の数々が醸し出す雰囲気、世界観にあるのです。私たちが言葉で説明できないような感覚を、たくみな表現で書き上げ、感覚を揺さぶる。だから、あのなんとも言えない感覚を味わいたくて村上春樹の本を読みたくなる。言葉の達人が使う言葉は、私たちの身体や感覚を揺さぶるのです。

逆に、言葉によって嫌な感覚を感じたり、痛みを感じたりすることもあります。例えば、ブログなどで誰かの書き込みに反応して炎上というような事件が多発していますが、なぜ炎上するのかと言うと、その人の感情を揺さぶるからです。

以前、とあるフリーアナウンサーが、ブログ上で公的医療保険が破たん寸前であることに警鐘を鳴らすため、一定の患者さんに対して乱暴な書き方をした結果、大炎上し、そのアナウンサーは出演している番組をすべて降板させられました。

書かれてあることがいかに正しくとも、どれだけ正義感を持って書いていようとも、書き方一つで人生を左右するようなことがあります。

他にも元大阪市長の橋下徹さんは、あるインタビューで「従軍慰安婦は必要であった」と答え、それがきっかけで失速が始まりました。元総理大臣の麻生太郎さんも、仲間内の会合の席で「ナチスの手口を学んだらどうか」と発言し、国際的な大問題に発展しました。実は橋下さんも麻生さんも、その前後の文脈を読めば、決して間違ったことは言ってないように感じましたし、明らかにマスコミによる悪意ある切り取りだったのでしょう。しかし、文脈がどうであれ「従軍慰安婦は必要」とか、「ナチスに学べ」と言うのは、国際常識を逸脱したデリカシーのない言葉には違いありません。

つまり、重要なのは言葉に対する「感受性」です。私自身もブログや著書でしばしば批判をされることがあるので、十分に自戒を込めさせていただきますが、多くの人に影響を与える立場になればなるほど、言葉の「感受性」が問われることを肝に銘じておきたいと思います。

それくらい言葉とは、相手の身体や感覚、つまり潜在意識に影響を与えているのです。

潜在意識は、いつもあなたを愛している

この世に誕生したばかりのとき、私たちの潜在意識は、基本、白紙です。成長するに従って、さまざまな経験や体験をするなかで、プログラム（条件付け）がほどこされ、潜在意識に何が植え付けられるかによって、現実の97％が決まってしまいます。

例えば小さい頃、犬に吠えられ追いかけられ、怖い思いをしたとします。その恐怖が大きければ大きいほど、潜在意識は「犬＝危険」というプログラムを強く残します。このプログラムは大人になっても残っており、大の大人が子犬に怯えるようなことだってあります。

また、大人になってからも、牡蠣に当たってしまったことがきっかけとなり、「牡蠣＝危険」というプログラムが完成し、牡蠣を見るだけで鳥肌が立つような人もいます。もっとも、一度や二度当たったくらいで牡蠣の美味しさにはかなわないと、いくらでも食べる人もいますが、それも程度問題でしょう。

これらは身体に植え付けられたプログラムですが、精神的なプログラムもあります。一般にビリーフ（信念、思い込み）と呼ばれるもので、それはしばしば「言葉」によって植え付けられます。例えば、幼い頃、両親に「お前は何をやってもダメだ」などと言われて育つと、大人になってからも「自分は価値のない人間だ」というようなビリーフをつくり、あらゆることがうまくいかなくなったりするのです。

大人になってから犬を怖がる、滅多に当たることのない牡蠣が食べられなくなる、「自分は価値のない人間だ」なんて根拠のない思い込みを持つ。これらは生きていく上で不要なプログラムです。確かにそうなのですが、潜在意識に植え付けられたプログラムは、そう簡単に解除されることはありません。しかし、それも**潜在意識のあなたに対する愛**なのです。あなたを危険な目に遭わせたくない一心でプログラムを作動させるのです。

犬を見て、危険だ！　と感じるのは、危険から身を守り、安心・安全を守るため。牡蠣を見て鳥肌を立てるのも、二度と食中毒で苦しませないようにするため。また、「自分は価値のない人間だ」というビリーフをつくるのも、そう思うことで相手の言いなりになる自分を許し、なんとか親の庇護を受けて生きのびるための知恵だったのです。もし、親の言うことに反発ばかりしていたら、親は生意気な子どもに困り果て、あなたをより粗末に扱ったかもしれません。つまり、安心・安全を守るために、マイナスのビリーフさえも必要だったのです。

「安心・安全」を守るために、24時間３６５日働いてくれる潜在意識。それほど、潜在意識は、あなたを愛しているのです。

潜在意識にとって、願いは異物!?

あなたの生命維持のために、日々、安心・安全を守るために働いている潜在意識。そんな潜在意識が最も怖がっていることは、何か知っていますか？

それは、「変化すること」。

なぜなら、**潜在意識にとって最も守りたい「安心・安全」とは、「現状」を維持すること**だから。つまり、現状以外はすべて「危険」とみなすのが、潜在意識の特性なのです。

この特性に当てはめると、願いというものは変化そのものなので、潜在意識にとって「異物」となります。

例えば、「素敵なパートナーが欲しい」という願望があった場合、思考ではそう考えていても、潜在意識にとっては、パートナーができることで生活やまわりとの関係性が変わってしまうことを恐れます。だから、どれだけパートナーが欲しいと願っても、潜在意識は「異物」として排除してしまうのです。

ダイエットにしても同様。いくら痩せたいと願っても痩せられないのは、潜在意識が太っている自分こそ「現状」であり、安心・安全だと思っているから。実際、太ってしまうのは、欠乏感や罪悪感を食べることで埋めようとするなど、太る理由があります。つまり、太ることで安心感を得ているのです。

そう考えると、痩せることは安心感を手放すこと。潜在意識にとって、危険以外の何ものでもない。だから、いくらダイエットしても痩せられないという現象が起こるのです。

現実に程遠い願いを言ったあと、笑ってしまう理由

こう言うと「でも、私は本当にパートナーが欲しい」「痩せたいと思ってる」と反発する人もいます。その場合、その願いを潜在意識が本当に受け入れているかどうかを簡単に試せる方法があります。

それは、願いが叶った状況をイメージしながら願望を言ったあとの、自分の反応に注目すること。

「超イケメンの素敵な男性と、パートナーになりました！」

「スリムになって、カッコよく洋服を着こなせるようになりました！」

こう宣言したあと、自分の身体に何が起こったか観察してください。ある人は顔が引きつったり、眉間にしわが寄ったりします。

また、宣言したあとに、「フフフ」「えへへ」と笑いがこぼれてくる人がとても多い

のです。なぜ笑いが出てくるのかと言うと、願望を危険とみなした潜在意識が身体を緊張させてしまうため、その緊張から自分を緩和しようとしているから。

つまり、変化に対する緊張（コリ）をほぐすための自然発生的な反応なのです。人は、受け入れていないことに対して、身体に何かしらの反応が出てくるのですから。

次に、今日の夕飯は何が食べたいかを考えて、宣言してみてください。

「ラーメンが食べたいです」

「カレーライスが食べたいです」

このときの自分の反応に注目してみると、おそらく顔が引きつることもなければ、眉間にしわを寄せることも、笑いがもれることもなく、自然に答えることができるのではないでしょうか。

これは、当然のこととして受け入れているから。自分が受け入れているものに関しては、なんの違和感もなくスラリと言えるので、身体に反応が出ないのです。

ということは、願いを叶えるためには、**潜在意識が願望を違和感のないものにする必要があります**。今日食べたいものを言うときと同じくらい、当然のように願望を言えたら、その願いは叶います。

「変化を嫌う潜在意識」の説得術

変化を求める思考と、変化を嫌う潜在意識。このギャップを、私は「心のコリ（ブレーキ・ブロック）」と呼んでいますが、この心のコリは大きくなればなるほど、身体に症状としてあらわれます。身体とは潜在意識そのものだからです。

小さな症状で言えば、肩コリなどの身体のコリ。例えば、「もっと上司に認められるような仕事がしたい」と思考で願っていても、その変化は難しい、と潜在意識がこばむので身体が緊張し、肩など身体がこってくるのです。

その例で言うなら、「右隣に嫌いな人が座っている」だけでも右肩がこったりすることもあるでしょう。「座って欲しくない（変化）」と「座っている（現状）」のギャップがコリとして身体に出るわけです。

同じように、24時間、現状に対する不満などを思っていると、身体にてきめんに響きます。不満も「本当はこうありたい（変化）」と「現状」とのギャップによって生じるもので、不満ばかり思っていると、しばしば頭痛や胃腸の不調を訴えたりすることがあります。

願望を持つこともメカニズム的には不満と同じで、やはり「本当はこうありたい（変化）」と「現状」とのギャップによってコリが生じるのです。

例えば、「収入を今の5倍にしたい！」と願ったとしましょう。しかし、「今の収入の5倍」というのは、明らかに大きな変化。すると潜在意識は、それ以上行動させまいとベストの力で働きかけてきます。

それで諦めればまだいいのですが、「見返したい！」とか「認められたい！」などの頑張り精神でムリを続けていると、最後の手段として、身体を壊したり、事故など不可抗力のようなケースで「変化」を抑制したりすることもあります。

潜在意識を決して見くびってはいけません。変化させないための力は想像以上に強く、「変化するくらいなら、動けなくなった方がマシだ」と思うほどに抵抗するのです。

では、どうすれば変化を受け入れ、願望を実現することができるのでしょうか。

この図は「願望」が「実現」に向かうまでのフローチャートです。

【図 11】

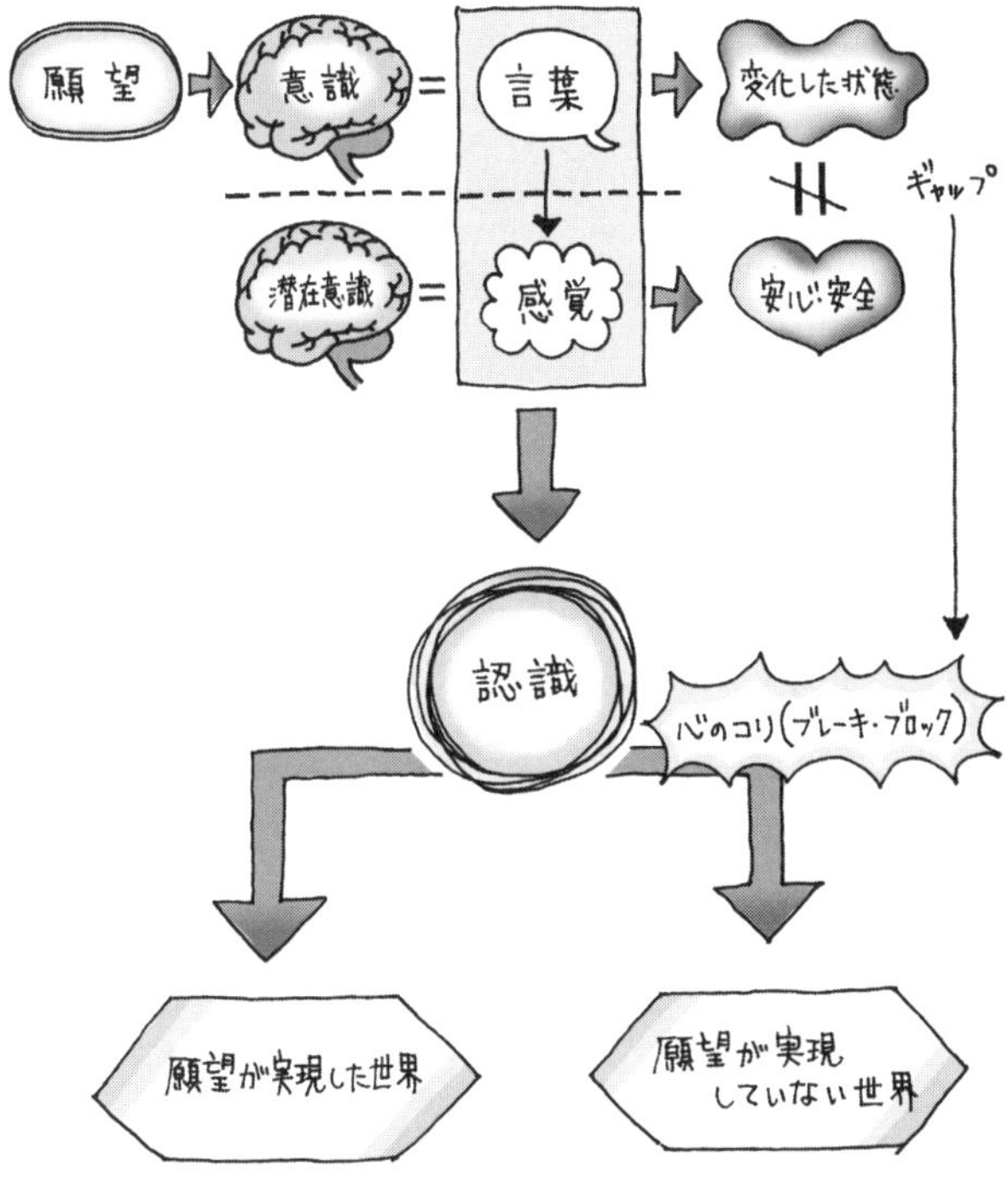

これまで見てきた通り、**「願望」は「意識＝言葉」によってあらわされ、「潜在意識＝感覚（身体）」に影響を与え「認識」をつくります**。ここで「言葉」と「感覚」、つまり「変化した状態」と「安心・安全」との間にギャップがあれば「心のコリ」が生じ、「実現」を妨げます。

ただし、「変化」と「安心・安全」との間には常にギャップがあるため、コリが生じるのを避けることはできません。では、どうすればいいのでしょうか？

答えはコリをほぐせばいいのです！　または、ギャップが生じてもコリを自動的にほぐせる体質、むしろコリを楽しめるような人間になればいいのです！

どうすればそんな体質、人間になれるのでしょうか……？

結論から言うと、**本当に叶えたい願いだけを持てばいい**のです！　5次元人は「思いの力」だけで、あらゆることを実現すると言いましたが、叶えたくないことを思う暇などなく、ただ単純に叶えたい願いのことだけを思っているものなのです。

「本当にやりたいこと」だけが叶っていく

ここでまた一つ、質問をします。

「もしも、性別、年齢、経済力、能力、学歴、知能、体力などありとあらゆる制限がなくなったら、あなたは何がやりたいですか？」

もっと単純に「１００億円の資産を持っていたら、あなたは何がやりたいですか？」でもかまいません。思ったことはすべてできるのです。この手の質問はコーチングのテキストなどでもしばしば見かけます。

例えば、こんなのはどうでしょう。

・カンボジアに学校をつくる
・貧しい施設に寄付をする

・宇宙に行く
・自分の王国をつくる
・ファーストクラスで世界一周をする
・アイドルと付き合う
・オリンピックで金メダルを取る
・歌手になって紅白歌合戦に出場する

次々と出てきますすよね。ここで出てきた答えがまさに「あなたが本当にやりたいこと」なのです‼

……というのはウソで、実際は逆。あなたにとってもいちばん「どうでもいいこと」が並んでいるはずです。例えば「カンボジアに学校をつくる」をあげたとして、もし本当に、本当に、「やりたいこと」であるなら、すでになんらかの着手をしているはずです。例えば土地代や建設費を調べたりなどは、Googleを使えばできるでしょう。「貧しい施設に寄付をする」をあげたのであれば、毎月いくら寄付しているでしょうか。本当にそれがやりたいことであるなら、わずかであってもやっているはずです。結局のところ、カンボジアの学校にせよ、寄付にせよ、「お金があり余ったらやってもいい」くらいの気持ちにすぎず、本当に心の底からやりたいと思っていることでは必ずしもありません。

本当にやりたいことは、制限があろうがなかろうが、今、やっていること。そして今もずっと、そればかり考えていることです。私は過去に、

- **フリーランスで月収１００万円以上**
- **毎年２～３回は海外旅行に行く**
- **１０００人規模のホールで講演会をする**
- **本を出版してベストセラー作家になる**
- **自転車で日本や世界をまわる**
- **とにかく、面白いことをする**

などを、いつもいつもいつも考えていました。もちろん今も。いつかは宇宙にも行っ

てみたいし、もっと社会貢献もしたい。だけど、私の本音はそのようなことではなく、世の中のすごい人たちと比べるとスケールが小さいかもしれませんが、自由に海外に行ったり、たくさんの人の前で講演をすることだったのです。そして少なくとも先ほどあげたものはすべて実現しました。

確かに「1000人規模のホールで講演会をする」など、会場を予約して、企画を立てたはいいものの、集客など諸々大変なことがたくさんありました。それなりにストレスだったし、「心のコリ」も出てきました。しかし、「やりたいこと」であれば、コリが出ようが楽しめるのです！

本当にやりたいことしかやらない。いつもいつも考え、すでに少しでも動き出していること。そこにはコリが生じても全く問題ない。まさに5次元人の生き方なのです。

ちなみにですが、私自身はここ1~2年ほど身体のコリを感じたことがありません。それなりに大変なことはあっても、「やりたいこと」しかやっていないので、コリようがないのです。実際、整体師の仲間に身体を触ってもらっても、「Qさんは全くこってないですよ！」と褒められます。

このように「やりたいこと」だけやっていたら、この本はおろか、あらゆる自己啓発書、ビジネス書を開く必要もなくなるのですが、そうは言っても、５次元人でもなければ必ずしもすべてがスムーズに進むとは限りません。

話を戻しますが、願いを叶えるには、やはり「言葉」が大切。５次元人はいつも「やりたいこと」の話しかしていませんが、まだそこまで達していないようであれば、言葉の原則に戻って確実に願いを叶えましょう！

変身願望を否定しない

心から「やりたいこと」をやる。それがコリをほぐす最良の方法である一方、「願望がない」という人も少なくありません。例えば「願望実現」をテーマにしたセミナーに参加しながらも、夢や願望を書いてもらう段階になって、「とくに不満はないので、今のままでいい」と言ったりします。

もちろん、本人が「今のままでいい」と言っているのなら、それを否定するつもりはありません。そのままでいいのでしょう。ただ、心の奥底を見ていくと、本当は「変わりたい」という、変身願望があるものです。

本当は変わりたいし、今よりももっとよくなりたいと思っている。だけど、そんなことを言うのは、なんかかっこ悪いし、恥ずかしい。陰で笑われてるんじゃないか。変な望みなど持たずにクールに振るまってる方が、よく思われるに違いない。「願望がない」の言葉の深層には、そんな思いが隠れてるんじゃないかと感じます。

私が小学校1年生のとき、幼なじみの親友A君と遊んでいるときに、ふとすごいアイデアを思いつきました。そこで、A君にもったいぶりながらこっそり教えました。2人だけの秘密だと念を押して。

「ボクは将来、改造人間になろうと思っているんだ。でも全部変えるんじゃなくて、右腕だけパワーアップして悪いやつらをやっつけるんだよ」

当時流行っていた仮面ライダー（スカイライダー、スーパー1）にハマッてそう言ったのかもしれません。それはかなりの真顔で言ったのですが、すると、A君は続けてこう言いました。

「そんなの、マンガだよ」

大人になった今、それとなく噂に聞く限り、A君はあまりいい人生を送っていないようです。何が言いたいかと言うと、**どんなことであれ「変わる」を否定しては幸せが遠ざかる**ということ。幼少期のこのエピソードはほんの些細な出来事であったにもかかわらず、40年近くたった今もなぜか忘れずにずっと覚えています。

どんなバカな願望であっても、「変わりたい！　変われる！」と思っている限り、そうなるのです。

ちなみにですが、私たちは大人になった今、多かれ少なかれ誰もが改造人間です。ダイエットをして身体を改造することもあれば、女性のお化粧だって立派な改造です。収入を上げるためにスキルアップするのも改造ですね。

「変わる」という根底的な願望を決して否定せず、貪欲に変わっていきましょう。もちろん変わらないことも一つの選択肢です。変わらないことを自発的に選んだのであれば、それも立派な人生です。

しかし、「本当は変わりたいのだけど、変わるのが怖い」ということであれば、まずは「変わりたい」を素直に認めましょう。「変わるのが怖い」は過去のパターンをデータ化した潜在意識のブレーキでしかない。それよりまずは「変わりたい」にフォーカスして素直に認める。その素直さが「ありのまま」であり、その瞬間から変わり始め、そして思い通りの人生へと結びつくのです。

言葉が潜在意識にインプットされる4つの段階

変化を何よりも嫌い、現状をキープしようとする潜在意識。でも、願いを叶えるためには、言葉（意識）を潜在意識に入れ込む必要があります。ただし、そのまま入れると、ほとんどがはじかれます。言葉と潜在意識の間にはコリ（ブロック・ブレーキ）

があるのですから。普通に言葉を言っても入らない。だったら、どうやってインプットするのかと言うと、次の４つのステップを踏むことです。

■ステップ1　「無意識的・無能」　わからないできない段階

例：車に乗りたいと思っているが、まだ教習所にも通っていなくて、どうやって運転するのか全くわからないカオスの段階。

■ステップ2　「意識的・無能」　できないことがわかる段階

例：運転をしようと教習所に行ってみたら、自分が全く運転できないことを自覚する段階。

■ステップ3　「意識的・有能」　意識すればできる段階

例：教官に教えてもらい、まだぎこちないけれど注意すればなんとか運転できるようになる段階。

■ステップ4　「無意識的・有能」　無意識にできる段階

例：免許を取って車に乗っているうちに、助手席の人としゃべりながら、音楽を聴きながらでも、無意識的にスムーズに運転できるようになっている段階。

これは、「言葉」を使った願望実現にもそのまま当てはまります。

まず、私たちは現状に不満を抱えていたり、何かやりたい気持ちはあるのだけど、どうすればいいかわからない段階があります。それが**ステップ1の「無意識的・無能」**。

次にやりたいことや欲しいものがわかってきたのだけど、なかなか手にできないでいる段階。「～やりたい」と口にしたところで、「無理だろうな～」と打ち消したり、身体にコリを感じたりします。それが**ステップ2の「意識的・無能」**。

それでもなんとか頑張って少しずつでも成果が出始めます。「月収100万円」を願望にしていたとして、それを口にしたところでそんなに違和感もなく、実際、かなり近づいています。でも、まだまだ頑張らないといけない。それが**ステップ３の「意識的・有能」**。

そして最後に、鼻歌を歌いながら思ったことがどんどん実現する段階。普段の言葉も「できる」「簡単だ」「楽勝じゃん」「いいね」「ありがとう」「最高だ」みたいに、願いに対してとことんポジティブ。「口癖」化した状態で、これが**ステップ４の「無意識的・有能」**。

つまり、最強なのは「口癖」にまで浸透すること。実際、できる人とできない人の違いは口癖にあると言っても過言ではありません。できる人はいつも「できる言葉」を口にしているのに対し、できない人は、仮にポジティブな宣言をしたとしても「でも……」「だって……」「どうせ……」などのポジティブを打ち消す発言を無意識にしてしまっているのです。

新車をぶつけても、「ツイてる」

では、4つのステップで現実を変えた事例を紹介しましょう。

私は、2年前に新車を買いました。しかし、1週間後に、その新車をぶつけてしまったのです。普通だったら、ものすごく落ち込むところです。新品のピカピカの車をぶつけてしまったのだから。

でも、私は落ち込むどころか、2つの教訓を得たのです。一つは、普段口にしている言葉が現実になるのだ、ということ。実は、私は運転があまり好きではありません。運転できる人がいたらお願いするくらい、できれば運転したくない人間です。そのため、普段から「僕は、運転があまり好きじゃないんですよ」とまわりの人に言っていました。その結果、ぶつけるという事故を起こしてしまったのです。それ以来、運転が好きではない、ということは言わないようにしています。

2つ目の教訓は、いい言葉を普段から言いまくると、どんなときもポジティブにとらえられるということ。実はぶつけた瞬間、「ツイてる！　大事故にならなくてよかった」と即座に思えたのです。これには自分でもびっくりしましたが、プロローグでもお話しした通り、10年前に長者番付1位の社長さんの本を読んで以来、「ツイてる」しか言わなくなったことが生きていました。

ステップ1では「ツイてる」の効果も言葉も知らない混沌な状況。ステップ2で「ツイてる」に出会い、それしか言わないと努力し始める状況。ステップ3では「ツイてる」の効果を徐々に体感し始める状況。そして、ステップ4では「ツイてる」が口癖になり、認識がすべて「ツイてる」に塗り替えられてしまう状況。

私は「ツイてる」については、すでにステップ4にあったのでしょう。ぶつけた瞬間にそう言って、「これで大事故を未然に防げた」と思ったばかりでなく、3日前に車両保険をアップグレードしていたため、してなかったら30万円ほど出費があったところがゼロで済みました。つまり、30万円儲かったようにさえ思えたのです。なんと幸せな人間でしょうか。

雨予報から晴れに変わった北海道旅行

今度は私の妻の例です。私が「ツイてる」に出会ってステップ2〜3辺りで実践しているある日、妻（当時は彼女）は友だち4人で北海道に旅行に行きました。

レンタカーでまわる4日間の旅ですが、天気予報によると4日間ともあいにくの雨。札幌に着くと、すでに降り出しそうな空、せっかくの旅行なのに残念な気持ちでいっぱいだったそうです。

そんなとき、妻がこう提案しました。

「最近、彼が『ツイてる』って言うといいことがあるって言いまくっているの。せっかくだから、みんなで言ってみない？」

その提案に乗った4人は、札幌から美瑛《びえい》に向かうレンタカーの中で、「ツイてる、ツイてる」と言いまくっていたそうです。その結果どうなったかと言うと、なんと、美瑛に向かう一本道に沿うように、空が割れて晴れ渡ったのです。まるで、モーゼが海を割るかのごとく。そして、4日間とも雨に一度も降られることなく、北海道旅行ができたと、興奮して教えてくれました。

それ以来、妻は、私以上に「ツイてる」と言っています。**もう確信したのです。ツイてると言えば、いいことが起こるということを。**

ただし、そうは言っても相手は天気です。そんな自分の都合よくいつもいつも「ツイてる」で変わるようなことは普通に考えたらあり得ず、妻のケースも単なる偶然なのでしょう。

しかし、「言葉が認識をつくる」という原則に立つと、あながち非現実的なことでもありません。「ツイてる＝晴れ」を意味するのであれば、「ツイてる」を言いまくると、**「雨が見えなくなる」**のです。

「車」を知らない未開の原住民たちが車を見ても、それを認識できず、何もないと思うように、「ツイてる」が高まると実際に雨が降っていても、それが見えないか、気にならなくなるのです。そしてその「認識」の世界こそが、その人にとっての現実世界です。

私は旅好きですが、圧倒的な晴れ男を自負しています。実際に晴れていることが多いとは思うのですが、もしかしたら晴れている日しか認識していないのかもしれません。まるでバカですが、それで幸せならそれでいいのです。

お笑いタレントの月亭方正（旧芸名：山崎邦正）さんが言っていました。お笑いの舞台で「今日もすべり倒した」と落ち込みながら帰った日でも、生後1年の娘の笑顔を見ると、「すべってないこと」になるそうです。「すべったけど気にならない」のようなレベルではなく、すべったことが認識から消え、「今日もドカンドカンうけまくった」ことだけが舞台のすべてになるそうです。その話を聞いて、バカだな〜と思いながらも、それが幸せの本質なのかもしれないとハッとなりました。

「ツイてる」と言いまくることで、仮にツイてないことがあったとしても、それが認識に残らず、「EVERYTHING IS ツイてる！」になれば、それでいいじゃないですか。幸せじゃないですか！

つまり、雨に遭いたくなかったら雨が見えなくなるまで「ツイてる」と言いまくれ、運をよくしたければ、不運が見えなくなるまで「ツイてる」と言いまくれ、ということなのです。

願いは、神様が叶えてくれるものではなく、人が運んでくるもの

「ツイてる」と言えば運がよくなる、願いが叶うようになる。これはまぎれもない事実なのですが、「願いが叶う」と言うと、神様が空から魔法を使って願いを叶えてくれているようなイメージがあるかもしれません。しかし、この世は現実世界。そんなことはありません。**願いは誰が持ってくるかと言うと、実在している「人」**です。

意識と潜在意識の間には壁があって、その壁をつきやぶって潜在意識に入れば願いが叶うと言いましたが、それはすべての人の潜在意識が一つにつながっているからです。個人の無意識層のさらに奥にある深い層で、共有している意識のこと。それを「集合的無意識」とも言います。

図12を見ると、AさんからDさんまで、意識の世界では個々に分離していますが、「潜在意識（集合的無意識）」の世界ではすべての人がつながっています。

例えば「100万円が欲しい」という願いが叶うとき、天から降ってくるのでもなく、預金通帳の残高がいきなり1桁増えたりするものでもありません。「100万円」という言葉が集合的無意識を伝って、誰かが持ってくるのです。それはお客さんかもしれないし、家族や友だちかもしれません。または、会ったことがない見知らぬ人かもしれませんが、当たり前に考えて、「人」がお金を持ってくるし、願いを叶える助けをしてくれるのです。

つまり、発した言葉が潜在意識（集合的無意識）に入るということは、宇宙のデータバンクである「宇宙記録」（アカシックレコード）に刻印されたも同然となり、

【図12】

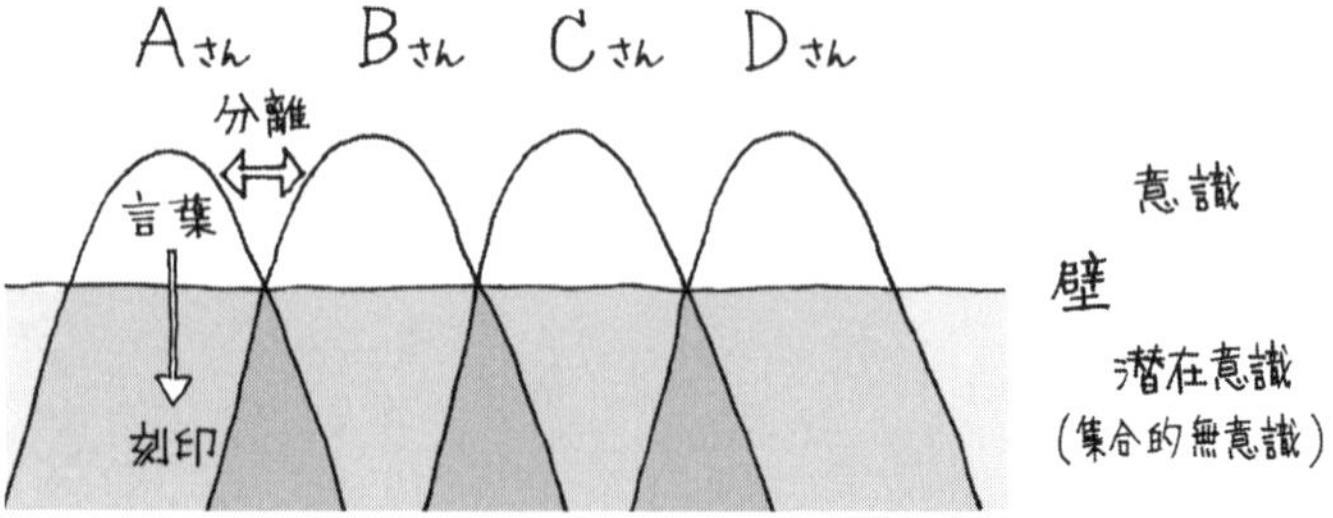

その言葉がいずれ、なんらかの形で返ってくるのです。

集合的無意識の世界は、インターネットによく似ています。インターネットって一度書き込むと、元を消してもいろいろなところに拡散されて残ってしまいますよね。その書き込みは、誰かの目に必ず触れます。とくに感情的に発した言葉というのは、誰かが読んでいるもの。匿名で悪口を書いても、実名をあばこうと思えば、簡単に割り出すことができます。

言葉もそれと同じで、**発した言葉は、宇宙記録であるアカシックレコードに刻印され、その言葉は必ず誰かが拾います。いい言葉が刻印されれば、誰かがそれを拾って持ってくる。だから、願いが叶う**のです。

一方、よくない言葉を刻印しても、誰かが拾います。そして、よくない言葉を持ってきて投げ返してくる。だから、悪口を言うと自分に返ってきます。

だとしたら、あなたは「いい言葉」と「悪い言葉」のどちらを「宇宙記録」に刻印させたいですか？

私が日々、心がけていることは、普段の生活はもちろんのこと、ブログなどで繰り返し使う言葉は、「よいこと」を中心に書き込むということです。

ありがとうございます
感謝しています
私は運がいい
幸せだ
人生最高！
いいことしか起こらない
すべては自分次第
どんどんよくなる
どうせよくなる
好き
お金がある

これらのいい言葉を繰り返すことで、その現実を強化するのです。意識的にいい言葉を選んで使うことは、とても大事です。

悪口と感動的な話は、集合的無意識内で瞬く間に広がる

ちなみに、インターネットの世界では「炎上」という言葉があるように、何か失言などがあると、寄ってたかって誹謗中傷するようなコメントが入ったりすることがあります。すでにご紹介したフリーアナウンサーのごとく。

それくらい、ネット上では、よくない言葉は拡散しやすいもの。だから、公開されたくない言葉は、仮に匿名であっても書かないというのが、ネットリテラシーの一つです。

一方、悪い言葉と同じくらい拡散しやすいのが、「感動的な話」。感動的な話は、SNSでシェアされるなど、瞬く間に広がっていきます。

それは集合的無意識の世界でも同様です。 実際の悪口と感動的な言葉は「宇宙記録」に強く刻印され、瞬く間に広がって、現実に影響を与えます。

だとするなら、感動的な話を拡散したいところです。感動的な人生を送れば、それが集合的無意識に広がって、感動的な人生を送りたい！　という人が続出します。

ちなみに、私の行動の基準は「青春か、青春じゃないか」。青春時代って、ワクワクしながら、ひたむきに何かを本気で追い求めていました。青春だと思えるなら行動する、そう思えなければ行動しない、それだけです。何をしたら得するとか、損するとか、認められるとか、批判されるとか、そんなの全く関係ありません。ワクワク感があれば、必ずうまくいくことを知っているから。

実際、今、私のまわりには、青春を語る人でいっぱいです。感動的な人生を生きれば、人を通して感動的な出来事が巡ってくる。お金も仲間も健康も恋愛も結婚も、必ず人が関与しているのです。

集合的無意識に入った言葉は、必ず誰かが聞いている。だからこそ、自分が発した言葉は、常に「人」が聞いていることを自覚したいものです。

アファメーションが苦しくなるわけ

願望実現の方法の一つとして、アファメーションがよく知られています。フランスの精神科医であったエミール・クーエは、「日々、あらゆる面で、私はますますよくなりつつあります（Day by day, in every way, I am getting better and better.）」と唱えるだけであらゆる疾病を改善させていました。これは疾病だけでなく、願望実現にも適用される典型的なアファメーションと言えます。

このようないい言葉は、宇宙記録に刻印されて、いい現実をつくります。ですので、いい言葉はたくさん使うに越したことはないのですが、先ほども説明したように、潜在意識がその変化を「危険」とみなすなら、そんないい言葉にも限界があります。

以前、友人のBさんの家に泊まったことがありました。リビングでテレビを見ていると、テレビの後ろに何か大きなボードがあります。「あれは何？」と聞くと、Bさんは恥ずかしそうな顔をしながら、「ビジョンボードです。人に見られると恥ずかしいんで……」と言いました。ビジョンボードとは、自分の願望をあらわす写真やイラストを1枚のボードにコラージュ風に貼ったもの。それを日々見ることで、潜在意識にイメージが入り、夢が叶うというものです。

でも、考えてみてください。人に見られて恥ずかしいような願望が叶うと思いますか？　人に見られて恥ずかしいということは、自分にとっても危険ということ。潜在意識は、いつだって安心・安全を守ろうと働くので、これではいつまでたっても願いは叶いません。

またあるときは、ビジョンボードのインストラクターから衝撃的な言葉を聞きました。彼は、多くの人にビジョンボードのつくり方を教えている立場なのに、何一つ自分の夢を現実にすることなく、いつの間にかビジョンボードを撤去していました。私が「なぜ、撤去したのですか？」と聞くと、

「苦しくなるんです」

と言うのです。まさにこれこそ、願望を実現できない人の理由。「願望とは異物である」というものです。その異物を排除しようというメカニズムが強く働いているがゆえに苦しくなったのです。

同様に、アファメーションも最初は「絶対続けるぞ！」と思っても、3日たつと続かなくなるのは、潜在意識が変化させまいとするから。たいていは、アファメーションを続けることが苦しくなったり、面倒になったりしてやめてしまう。

こうして、潜在意識の策略にどんどんはまっていってしまい、ときには「願望」など持つものではないと、消極的になってしまうのです。

否定的な言葉の方が実現しやすいわけ

逆にこんなアファメーションはどうでしょう？

「宝くじって当たらないよね」
「年収1000万円なんて無理に決まってる」
「白馬の王子さまが迎えに来るなんておとぎ話よね」

アファメーションと言うより、単なる口癖ですが、**否定的な言葉はほとんどがその通りになってしまいます**。

これら否定的な言葉とは、潜在意識にとってみれば「現状維持」をキープする言葉。ストレスがない分、実現しやすいのです。

だからと言って、否定的な言葉ばかり言ってしまう自分を責めてはいけません。潜在意識は危険からあなたを守るために、対処的に、防衛本能を身につけたのです。だから、否定的な言葉により集中してしまうのは、誰だって当然のことです。**否定的な言葉は潜在意識の持つ防衛本能にマッチしているので、実現しやすい**のです。

ですから、そういう現状をあえて肯定した上で、幸せになるために防衛本能に逆らってみてもいいのではないでしょうか。自分の意思で幸せになるというのは、地球上の生命で、人間だけです。

動物は、常に危険から回避するという生存本能だけで生きているけれど、人間だけは、「幸せになる」という本能を持つ生き物。より人間らしく生きるためにも、アファメーションは有効です。

潜在意識の抵抗をやわらげる魔法の言葉

願望を持つ人は、その願望を叶えたいと必死になりますが、そこでは「その願望が叶っていない」が前提になっています。どういうことかと言うと、「一軒家が欲しい」

という願望があった場合、そもそも「私は今、一軒家を手にしていない」ということを認めているということ。

つまり、願望を持つということは、同時にその願望が実現していないことを認めてしまうことになるので、その「不一致感」に苦しさを覚えるのです。それに加えて、ビジョンボードやアファメーションで、さらに、理想と現実のギャップを認識せざるをえなくなる。それが苦しくて仕方ないのです。

これこそ、願望実現のパラドクス。願えば願うほど苦しくなって、願いを遠ざける結果になります。

だったらどうすればいいかと言うと、まだ**願望を手にしていない不足感と闘うのではなく、それを認める**。その上で、「どうせよくなるから大丈夫」というふうに持っていけばいいのです。例えば、こんなふうにです。

「私はまだ一軒家を手にしていないけれど、どうせ手にできるから大丈夫」
「私はまだ女優になっていないけれど、どうせ有名な女優になれるから大丈夫」
「私はまだ年収1000万円を超えていないけれど、どうせ超えられるから大丈夫」

理想と現実のギャップがなくなるのがわかりますか？

ここでのキーワードは「どうせ」です。

通常、「どうせ」という言葉の直後にはネガティブな言葉が続きます。

「私なんてどうせ可愛くないから、結婚なんてできないよ」

「これからチャレンジしても、歳だからどうせ無理だろう」

「どうせ女だから、いい仕事させてもらえないのよ」

まだまだ例文はつくれますが、この辺にしておきます。それにしても、とても強烈に感じませんか？　これらの言葉、完璧なまでに実現しそうに感じます（もちろんできないという意味で）。あたかも、「どうせ」には願いを叶える魔術が吹き込まれているがごとし。だったら、この魔術を使わない手はありません。

通常は「どうせ＋ネガティブ」で功を奏していた言葉ですが、これを「どうせ＋ポジティブ」として活用します。

「どうせよくなる」

口にすると、ちょっと違和感がありますよね。「どうせ＋ポジティブ」が普段使い慣れていないからですが、それは潜在意識も同じこと。「どうせ」をポジティブに使うと、潜在意識は混乱します。その隙に乗じて、ポジティブな言葉は潜在意識への壁を突破し、集合的無意識に刻印されるのです。

「今は生活もちょっと大変だけど」➡潜在意識はそれを事実として受け入れる
「どうせよくなるんだから大丈夫」➡潜在意識は「どうせ」に混乱する

その結果、「よくなる」がじわっと入り、そのうちに言葉の通りになるのです。一度、現実を受け入れることでワンクッションを置く。そして「どうせ＋ポジティブ」で潜在意識を混乱させ抵抗をやわらげる。これだけでも願望実現が可能になります。

今確実にできることを言葉にする

もう一つ、日常で簡単に取り入れられる言葉力アップの方法があります。それは、**「今から確実にできることを、あえて言葉にする」**こと。

例えば、「今から映画を観に行きます」「今から友だちに会いに行きます」というふうに、すでに決まっている予定をあえて言葉にします。

それは必ず実行することなので、「言葉にしたことが実現できた」という意識に変わります。すると、言葉のエネルギーがどんどん強化されて、「言葉にしたことは叶うんだ」となり、チャレンジしたいことや夢などを言葉にすると、本当に叶い出す、という現実がやってくるのです。まさに、言葉のエネルギーが強力なスパイラルとして働き出すのです。「言葉にしたことを実行する」の繰り返しで、自分に対する信頼感も高まります。

ただし、これは逆も言えるので気を付けなければなりません。

しばしば、ブログや本の読者さんから「今年は必ずQさんに会いに行きます」と言われることがあります。しかし、そのような人が実際に会いに来るケースは３割もありません。宣言すること自体が目的化しているようにも感じますが、願望実現においては逆効果です。正直、私に会いに来ることなど、簡単なのでぜひ実行して欲しいものです（笑）。

「今日はハンバーグを食べます」のような簡単なものほど確実に実行しなければ、潜在意識は「言葉にしたことは現実にならない」を学習してしまうので、「言いっぱなし」の癖がある人は自覚しましょう。

しかし、繰り返しますが、簡単なことであれ、それをきちんと実行し続けることで、「言葉にしたことは現実になる」を学習しますので、それだけで願望実現体質になるのです。

アファメーションのパワーを数倍にする「ある」という大前提

そうやって潜在意識（集合的無意識）によい言葉、実現したい言葉を刻印し続けるために、さらに一つの前提を受け入れてください。

それは、**「ある」**です。

以前、面識のない読者さんから、「生活が苦しいので、お金が儲かる呪文を教えてください」というメールをいただきました。そのメールではいかに生活が苦しいか、お金がないかについて、これでもかとばかりに力説されていました。

これはかなり苦しいです。例えば、性格は別として、「お金がある」という人と、「お金がない」という人なら、どちらと結婚したいと思いますか？「ある人」を選ぶほうが断然多いはず。お金も人も、「ある」ところにしか集まらないのが世の常です。それなのに、ほとんどの人は、

「お金がないから、もっとお金が欲しい」

と、「ない」ことをアピールしているのが現状。そう言いたくなる気持ちはわかりますが、やはり「ある」という前提に立たなければ何も引き寄せられてこないのです。逆に**「ない」と言えばお金も人も離れていく。それが現実**です。

先ほど、「願望を持つ人は願望が叶っていない」が前提と言いましたが、「ない」を

前提にしている限り、どんなにいい言葉を使っても、「願望実現のパラドクス」に陥り、どんどん実現が遠のきます。

では、「ある」を前提にするためには、どうしたらいいのでしょうか？　一つは、**現実の「ある」を認めること**です。

お金の話を続けると、例えばご飯を食べているし、お酒も飲めているし、スマホも持っているし、仕事もあるし、温かい家もありますよね。実際は、明日の食べる物を心配している人は、日本を出ればたくさんいます。そこと比べたら、**私たちは「ある」**のです。すでに豊かさを持っているし、「ある」ことはいっぱい存在している。「ない」に目を向けることは簡単ですが、あえて「ある」ものに目を向けます。**すると、「ある」を種として、実際にも「ある」がどんどん増えていく**のです。

私は10年前、本当にお金がありませんでした。預金口座の残高は、5～6万円。でも、「ツイてる」や「ありがとうございます」を連発しまくっていたせいか、すでに「ある」という気持ちで満たされていました。年に1回は海外に行きたいと思っていたので、12月に入り5万円をキャッシングしてベトナムに旅行に行きました。なぜか、不安はありませんでした。お金は「ある」ってことを知っていたから。どうせ入ってくるんだと知っていたから。

帰国後、預金通帳を記帳してみたら、やはり10万円ほどの臨時収入が入っており、キャッシングしたお金もすぐに返済した上にお釣りまで来ました。人生はそのようなことの連続です。

まずは現実に満たされている**「ある」を認め**、その上で、仮に思った通りの額や状況でなくても、**「どうせ＋ある」を前提にする**のです。そこで発したアファメーションは、そうでない前提にある人の数倍のパワーを発揮し、次々と現実を変えていくのです。

目標を書いて実現した人たち

「目標を紙に書くと実現する」

経営コンサルタントの神田昌典さんの『非常識な成功法則』（フォレスト出版）で読んだときの衝撃を今でも覚えています。今となっては当たり前の話ですが、神田さんはある経営者団体で講演をした際、目標を紙に書いている人に挙手を求めました。すると、実際に書いている人は3％くらいしかいなかったそうです。経営者団体でさえそうなのですから、それ以外の一般の人は推して知るべしです。

2005年に会社を辞めた直後、友人からある会合に誘われました。そこには4〜5名の方がいらっしゃったのですが、その中の一人が話題の中心になっていました。なんと4か月でゼロから月収100万円を超えたとの話。

「アレ、やってるんですよね」と言われたのですが、「アレ」とはまさに「願望を紙に書く」でした。具体的には「月収100万円を超えました」と毎日ノートに10回書く。そこにいた4〜5名の中でたった一人、その方だけが実行していました。そしてその方だけが月収１００万円超えを実現していたのです。

さっそく私も始めたのですが、１か月と続きませんでした。しかし、その4年後、カードで80万円の借金をするほど経済的に困窮したとき（しかも長男が産まれたばかり）、ふと「アレ」を思い出し、わらをもつかむ思いで再び始めることにしました。

ただし、その時点ですでにコーチやセミナー講師として、幾ばくかのノウハウも持ち合わせていたので、「アレ」をやや私流にアレンジして始めました。結果は2か月後に月収１００万円超え、さらに初の出版が決定、Amazon総合1位など、書いたことがほぼすべて実現したのです。


「目標を紙に書く」ことの効果は、ソフトバンクの孫正義さんや、大リーガーのイチロー選手、サッカーの本田圭佑選手らの少年時代の日記がしばしば引き合いに出されるように、書いてさえいれば忘れた頃に叶うものなのです。

私の友人の島崎晶子さんは、学生時代からプロのドラマーになることを夢見、日夜練習に励むとともに、暇さえあれば「ドラムを叩いてたくさんの人を笑顔にする」などとノートに書き殴っていました。

バンドコンテストで1位になったり、インディーズでCDを出したりなど、着実にプロドラマーに向けてまい進していると思いきや、23歳の頃、現実のプロの厳しさを垣間見、その道に進むことを断念しました。ドラムセットはすべて売り払い、もう一生ドラムを叩かないと決意し、美容関係の仕事に就きました。夢を書いていたノートはごみ箱に捨て……。

その7年後、島崎さんは機会あって私が主催する沖縄の久高島ツアーに参加しました。そこで他の参加者の男性が「バンドやりて〜」と叫んだところ、なんとその場にはその男性（ボーカル）のほかに、ギター、ベース、キーボード・作編曲、そして島崎さんのドラムと、偶然にもバンド結成に必要なメンバーが揃っていたのです。

その場で「コズモクダカ（久高の宇宙）」というバンド名も決定し、2か月後から練習をスタート。オリジナル曲が2曲完成したのでレコーディング、勢いとノリでCDブック『そらのレコード』（エバーグリーン・パブリッシング）を出版し、結成9か月後には1000人の聴衆の前でライブまでおこないました。気が付けばノートに書いていた「ドラムを叩いてたくさんの人を笑顔にする」が叶っていたのです！

「夢リスト」はお持ちですか？

ところで、島崎さんが参加したCDブックや1000人のライブには、当然、私もプロデューサーとして絡んでいます。そのことは実は私にとっても「夢」でした。私のブログには「夢リスト」として、実現したいことを箇条書きで書き連ねています。

- **矢沢永吉と友だちになる**
- **宇宙旅行をする**
- **ブッダになる**
- **松本人志と飲みに行く**
- **NASAで戦闘機に乗せてもらう**
- **月に降りる**
- **博士号（Ph.D.）を取得する**
- **ゆでたまご（キン肉マンの作者）と対談する**

・田原俊彦と肩を組んで写真を撮る
・ボクシングの試合に出る

などのような、やや突拍子もないものもありますが、このような「夢」を2017年7月現在、160ほど書いています。そのなかに、

・土井徳浩のCDをプロデュースする
・クラシックコンサートをプロデュースする

があり、見事に実現しているのです。土井徳浩さんは私の中学高校の後輩で、ジャズクラリネット界では知らぬ人のいない超一流ミュージシャン。CDブックと1000人のライブにもご参加いただきました。クラシックコンサートについても、1000人ライブの前に東京と京都の2か所で実現しました。

微妙に形が変わることはあっても、書いているとそのうちに叶うもの。ほかにも、

・２００㎡のマンションに引っ越しする（実際は戸建て）
・でっかいファミリーカーを買って、家族で国内旅行する
・自転車で日本全国を回りながら講演会をする
・体重・体脂肪を標準値に戻す
・年収２０００万円を突破する
・ラダック・ザンスカールをトレッキングする（チャダル）
・矢沢永吉の武道館コンサートに行く
・アイルランドをレンタカーで一周する
・昆虫料理のオフ会に参加する
・オーロラを見る
・ビジネス・スピリチュアル・旅系の雑誌で連載を持つ
・年に４回は泊まりで家族旅行をする
・バンジージャンプをする
・スカイダイビングをしてＴＯＫＩＯを歌う

- **1000人の前で独演会をする**
- **海外のセミナーに参加する**
- **新城島《あらぐすくじま》（パナリ島）に行く**
- **アルバニアに行く**
- **インジェラを食う**

などが実現しています。もちろんまだまだ未達成の夢もありますが、突拍子もないものも含めて、書いている限りいつかは叶うと信じています。なかにはどうでもいい夢もありますが、それでも叶うと嬉しいし楽しい。

一刻も早く絶対に叶えたい、優先順位が極めて高い夢（目標、願望）については、より重点的なアファメーション、実際上の行動が重要となりますが、「インジェラを食う」みたいな人生にとってどうでもいい夢を叶えるのもまたオツなものです。**それがギスギスしない、本当の意味での人生の豊かさにつながり、もっと大きな願望実現の土壌育成になる**のです。この世の中には、このような「夢リスト」を持っている人といない人が存在します。あなたはどちらになりたいですか？

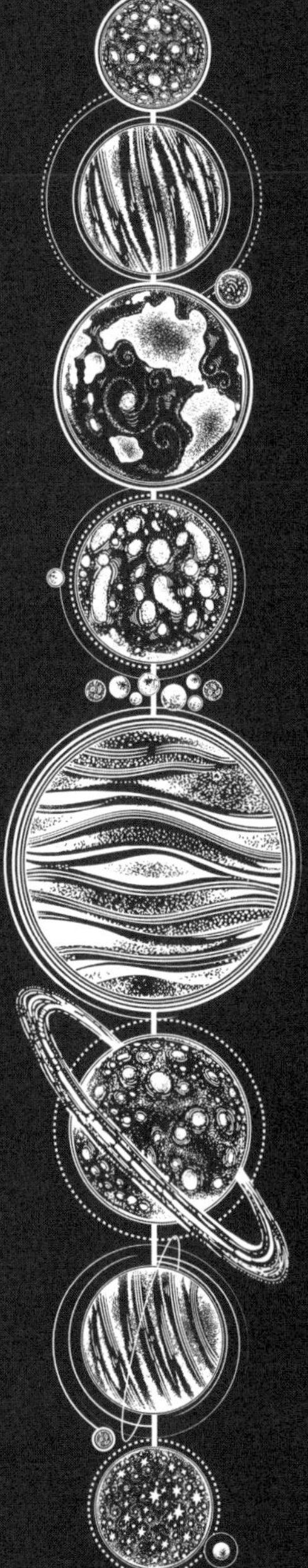

第4章　願いを最大限に叶えるための
メンタルコンディショニング

自尊心を高めれば、どんな状況でも自分を幸せにできる

ここまで言葉の力について説明してきましたが、言葉の力を最大限に働かせるためには、メンタルを整えることも必要です。整ったメンタルとアファメーションの相乗効果で、願いの叶う精度がぐんと上がります。

では、どのようにメンタルを整えればいいのか。メンタルコンディショニングのなかでも、私が最も重視するのが**「自尊心」**です。

自尊心とは、自分をごく自然に肯定できる心のこと。決して強がるわけでなく、自分を大切にできるがゆえ、ダメな自分もすべて受け入れて、自分を大好きでいられる心です。

以前、株式会社ネクシーズ代表の近藤太香巳《たかみ》さんの講演に行ったのですが、彼はか

って最年少で会社を上場させた実業家として注目されていました。ただ、講演では少し変なことを言っていました。

「ボクが上場できたのは、『上場』の意味を知らなかったからなんです！」

知っていたら動けなかった、知らないから動けたんだ、知らないことはいいことだ、だから動こう、という理屈のようです。もちろん近藤さん一流のジョークには違いないのですが、それでも決して詳しいわけじゃなかったのも事実でしょう。

ただ、話を聞いていると、この人はそもそも「自尊心」の塊のような人で、自分が大好きなんだとひしひしと伝わってきました。

教師と喧嘩して高校を中退し、車好きでローンで購入した220万円のスポーツカーを納車の日に事故で全損させ、様々な事業を手がけては失敗の繰り返し。

そのときは落ち込んでも、すぐに復活してポジティブに動ける。これだけ自尊心が高ければ、何をやっても成功するなあ。講演を聞きながらそう感じました。

近藤さんのように自尊心が高い人は、失敗という文字がありません。**失敗しても全く問題ないと思うマインドがある**ので、なんでもチャレンジできる。自分が納得してやっているので人から何を言われても気にならない。

まさに最強のメンタルです！

自分の価値を高めて、自分は成功に値する人間だと思えたら、どんなにいいでしょう。

しかし、私たちは誰でも生まれてきたときは、自尊心マックスだったのです。まわりのことなど気にせず、自分が楽しい、幸せだと思うことだけを選びとって生きていました。ところが、親のしつけや先生からのダメ出しなど、まわりの環境に染まるにつれ、「私は価値のない人間だ」というメンタルが植え付けられ、どんどん自尊心が下がってしまうのです。

とても残念なことですが、人間社会で生活する上で、自尊心が下がるのはある程度仕方のないことです。

例えば、朝ダラダラしていたら学校に遅れてしまいますよね。そんなとき母親は「早くご飯を食べなさい！」と少しイライラしながら言うかもしれません。でも、「このままでいいんだよ」と言えば、確実に社会生活に乗り遅れてしまいます。

だから、ある程度は仕方がない。自尊心がずっとマックスのまま維持できるとしたら、それは仙人。私たちは仙人ではないわけですから、人生のなかで、自尊心が上がったり下がったりしながら、生きていっていいのです。

もしかしたら、近藤さんは一般の人と比べて自尊心を傷付けられないような育て方をされたのかもしれません。子どもは生まれながらに親や環境を選ぶことができないので、大人になった段階での自尊心の高低は運命のようなものかもしれません。しかし、**人は誰もが「気付いたとき」がスタートです**。幸せになるには自尊心が大切だ。この真実を知った「今」がまさにスタートであり、人生はいつからでもやり直せるのです！

そこで、この章では願いを叶える上で最も重要な**「自尊心」の真実**に迫るとともに、日常のなかで**自尊心を高めることができるレッスン**を紹介していきます。

承認欲求が自尊心を傷つけている

そもそも「自尊心」とはどういう意味か。ナサニエル・ブランデン著『自信を育てる心理学』（春秋社）に大幅に依拠したウィキペディアの説明が上手にまとまっているので、そこから引用します。

——自尊心とは……心理学的には自己に対して一般化された肯定的な態度である。英語のままセルフ・エスティーム（英：self-esteem）とも呼ばれる。

ここでは社会心理学における「自己」の概念に関して、育み維持される自己評価や、あるいは「ありのままの自己を尊重し受け入れる」態度とする。多くの研究者によって自己肯定感は人格形成や情緒の安定のために重要であると考えられており、自尊心はそのためには必要な感情であるとも言える。

他人からの評価ではなく、自分が自分をどう思うか、感じるかである。つまり、一時的に快感を与える、知識、技術、財産、結婚、慈善行為や性的な征服、容姿から生まれるものではなく、言い換えれば、外に求めることでも、人に与える印象でもない。競争でも比較でもなく、自尊心の重要な原因は、自分とも他人とも戦っていない状態である。

その起源には、幼い頃に大人から尊重され、価値を認められたか、励まされたかといったことがある。しかし、最も重要な影響があるのは、自分自身で選択したということである。言い換えれば、自分の可能性を実現したいという気持ちから、生き方を変えるということから自尊心が育まれていく。――

ここでとりわけ重要なのが次の2点です。

1　他人からの評価ではなく、自分が自分をどう思うか、感じるか
⬇「自己評価」と言い換えます

2 自分自身で選択したということ
⬇「自己選択」と言い換えます

有名なエイブラハム・マズローの**「欲求五段階説」**によると、人は第一に**「生理的欲求」**を充足する必要があります。つまり、食べること、寝ることなど、生きる上で絶対に必要なこと。

2番目として**「安全欲求」**に移り、雨風や外敵から身を守り、安心・安全に生きようと求めます。3番目としては**「社会的欲求」**に移るのですが、これは集団に所属する欲求のこと。人間も動物も集団（群れ）をつくって生活していますが、そうでないと物理的にも精神的にも健全に生きられないからです。

以上の3つは人間も動物もさして変わりなく、生きる上で必要不可欠な欲求と言えるでしょう。

ところが、マズローはこの先に４番目の**「承認欲求」**を置くのですが、これが実に厄介なのです。

最初の３つ（生理的、安全、社会的）は、それぞれ満たせば収まります。満腹になるとそれ以上食べようとはしない。安全な環境に置かれると、それ以上を求めることは考えにくい。集団（家族やコミュニティ）に属していると、それで一応は安定する。しかし「承認欲求」だけは、それをどんなに満たしても尽きることがありません。どんなに経済的に恵まれ、社会的地位が高くとも、「認められたい」という欲求だけは、むしろ満たせば満たすほど肥大化します。

極端な話かもしれませんが、男はある程度成功すると、芸術やスピリチュアルなど「見えない世界」に走る傾向があるようです。突然、絵画の個展を開いたり、音楽コンサートを開催したり。または、宗教まがいの団体をつくっては、教祖やグル（精神的指導者）のように振るまったり。

それらは物質的な欲求が満たされた先にある精神的な承認欲求と言えるでしょうが、

明確な形や基準がない以上、そこでの承認には限度がないため、いつまでも満足することがありません。自らを欲求不満に追い込む結果となり、皮肉にも自分で自分を不幸にしてしまうこともあります。

その**尽きない「承認欲求」から解放されたところにあるのが自尊心**なのです。承認や評価を他人に求めるのではなく、自分自身に帰着させる。マズローは「承認欲求」に続く5番目として**「自己実現欲求」**を置きましたが、文字通り「自己」に帰するところにこそ自尊心が現れるのです。

矢沢の自尊心を回復させた奥さんの一言

私は矢沢永吉さんのことが好きで、著書も読み、武道館にも行き、ネット上でたくさんの矢沢情報を拾うのが趣味なのですが、そのなかで実に示唆に富む話がありました。

矢沢（親しみをこめてあえて愛称で）はその著書『成りあがり』（角川文庫）などでも紹介されている通り、幼少期は、両親の離婚によって祖母と2人で極貧生活を送っていました。唯一のご馳走と言えば、卵を薄く溶いてつくった祖母特製プリンくらい。

そんな矢沢は自らの生い立ちへの恨みと野心をバネに18歳で上京し（最初は横浜）、紆余曲折ありながらも、誰もが知るスーパースターになりました。しかし、どんなに売れても、スターになっても、いつまでも故郷広島のことでくだを巻いたり、両親の悪口を言うことはなくなりませんでした。

つまり、矢沢がスターになった原動力はまさに**「承認欲求」**であり、スターになったあともその欲求は消えることがなかったのです。心理的には幼くして自分を捨てた両親に向けられていたのでしょう。頑張って結果を出せば出すほど、承認してくれない両親の存在が大きくなる。とても苦しかったと思います。

そんなある日、信頼する仲間の裏切りにより35億円の借金を背負わされたのが、矢沢が50歳になる直前のこと。さすがの矢沢も「終わった」と思い、マスコミもそのことを面白がって書きたてました。

ストレスで髪も抜け、お酒でごまかす毎日が続く。そんな矢沢の姿を見た2人目の奥さんであるマリアさんがこう言いました。

「矢沢が本気になったら返せない金じゃない」

その言葉を聞いた矢沢はハッとなって、3回聞き直しました。

「矢沢が本気になったら返せない金じゃない……」

この瞬間から矢沢は生まれ変わり、広島のことも両親のこともすべて許し、6年くらいで本当に借金を返してしまいました。そして、そろそろ70歳に近づこうかとする今も、ステージでマイクを振り回しています。

何が起こったのでしょうか?

幼少期から矢沢の自尊心はズタズタで、それを取り戻すために承認欲求をバネに頑張ってきました。しかし、自尊心が回復しない限り、どんなに成功しても恨み節は消えることなく、借金などのアクシデントを引き寄せてしまいます。

そんな矢沢を救ったのが、当時の矢沢をいちばんよく見ていた奥さんでした。「矢沢は裸の王様だ」と叱責することもある奥さんだからこそ、「矢沢が本気になったら返せない金じゃない」という言葉が魂に響いたのです。その瞬間、約50年間、修復することがなかった矢沢の自尊心はマックスまで回復し、新たな人生の幕が開きました。

本当は両親からの承認が欲しかった。しかし、どんなに求めても得られない。その怨念がさらなる不幸を引き寄せ、どん底にまで落とされた状態だからこそ、奥さんの声が「両親」にも勝る神の声のように響いたのです。３回聞き直すくらい魂を揺さぶられ、その言葉をスッと受け入れた瞬間、すべてが終わり、すべてが始まったのです。

人生を変える言葉はある日突然に！

「矢沢が本気になったら返せない金じゃない」という奥さんの言葉によって、傷付いた自尊心が一瞬でマックスになったように、「言葉」の威力は、思った以上に大きいものです。

矢沢を最終的に救ったのはパートナーの存在だったかもしれませんが、人生を変える「言葉」との出会いはいつどのようにやってくるのか予想はできません。もしかしたら人生のどん底を見たとき、文字通り天から光が射し込むように降ってくるものなのかもしれません。

その言葉は身近な人の一言かもしれないし、テレビや本、ネットを見ているときに偶然目にするワンフレーズかもしれない。または、ある歌の歌詞から突然飛び込んでくるものかもしれません。

いずれにせよ、言葉は人生を変えます。できることは、人生を変える言葉を受け取る準備をすることだけ。

その準備とは、「きっとよくなる／どうせよくなる」という言葉を、今、受け入れることです。

逆に、「よくなることはない／どうせ無理だ」と思っていると、それだけ人生を変える言葉が降ってくる通路を塞いでしまいます。どんな言葉がやってくるか、誰にもわかりません。それでも「きっとよくなる／どうせよくなる」を信じて、受け入れて、毎日を過ごしてみませんか？

仮に今、あなたの自尊心は傷付いたままであっても、この本を手に取ってしまった以上、近いうちに矢沢のようにマックスになる日がやってきます。年間7万冊、人生100年で700万冊発行される本のなかで、本書が手元にやってきたのは偶然かもしれませんが、宇宙の意思においてはすべて必然です。

「自己評価」と同様に重要な「自己選択」の点からすれば、大切なのはこれから**自らの意思で人生を選択する**こと。すべては自分次第であり、起こる出来事、受け取るメッセージは偶然のように見えても、そこにどんな意味付けをするかは、常に自分の選択基準に任されています。

これから、人生を変える言葉と出会う覚悟はできましたでしょうか？

「自尊心」を診断して願望実現の現状を把握する

ではここで、あなたの自尊心が現在どのレベルなのか、簡単な診断をしてみたいと思います。以下の10問について、それぞれａ～ｄの４つの選択肢から、５秒以内に直感でお選びください。

問1　あなたの子ども（現在いてもいなくても）は幸せだと思いますか？

a　かなり幸せだ
b　まあまあ幸せだ
c　どちらかと言うと幸せではない
d　不幸だ

問2　不労所得などで、働かないのにお金持ちの人を見てどう思いますか？

a　とくに何も思わない
b　素晴らしいと思う
c　ちょっと微妙だ
d　極めて不愉快だ

問3　あなたは、今、憎いと思っている人がいますか？

a　あまり考えたことがない
b　過去にはいたが、今はいない
c　絶対にいない
d　常に憎いと思っている人がいる

問4　あなたは両親を思い浮かべたとき、どんな感じがしますか？

a　とくに何も感じない

b　とても心が安らぐ

c　ちょっとイライラする

d　思い浮かべたくもない

問5　有名人の不道徳（不倫、法令違反、失言など）を知ったとき、どう感じますか？

a　何も感じない

b　興味なくはない

c　ウォッチしてしまう

d　ネット等で批判する（したくなる）

問6　あなたは年収をどれくらいに増やせると思いますか？

a　年収５０００万円以上には増やせると思う
b　年収１０００万円以上には増やせると思う
c　生活に困らない程度には増やせると思う
d　これからは減るか、よくて現状維持だと思う

問7　「問6」ではなぜそう思うのですか？

a　今が実際にそう、またはそれに近いから
b　今はそうじゃないが、その能力があるから
c　理由はないが信じているから
d　自分だけは特別だから

問8　最も仲のよい親友がステージ上で称賛を浴びているのを見て、どう感じますか？

a　自分のことのように嬉しい
b　とくになんとも思わない
c　少し複雑な気もする
d　正視できない、攻撃したくなる

問9　身近な知人が「自分がやりたいと思っていること」をやっているのを見て、どう感じますか？

a　何も感じない
b　自分も続きたいと思う
c　少し焦る
d　邪魔したくなる

問10　過去のことを思い出して、苦しくなる、又は、頭が真っ白になることはありますか？

a　ほとんどない
b　全くないことはない
c　たまにある
d　ほぼ毎日、いつもそうだ

それぞれ「a＝3点」「b＝2点」「c＝1点」「d＝0点」で合計してください。結果は次の通りです。

【26点〜30点：Aランク】

自尊心は極めて高く、人生において思ったことはほぼ実現しているレベルです。書いたり、しゃべったりした「言葉」が、気が付けばほとんど叶っています。

【16点～25点：Bランク】

自尊心は一般的に高く、思ったことの半分以上は実現しているレベルです。自尊心をさらに高めるよう意識すれば、願望実現の度合いがますます高まります。

【6点～15点：Cランク】

自尊心は全般的に低く、願望実現の実感は乏しいのではないでしょうか。しかし今からがスタートですので、本章の後半のエクササイズを実践することで、まずは思ったことの半分は実現するレベルにまで高めましょう。

【0点～5点：Dランク】

現在は残念ながら、思ったことが実現する段階ではありません。しかし今からスタートであることは事実です。まずは一歩、小さな成功や喜びを積み重ねていきましょう。

※もっと詳しい診断をされたい方は「夢をかなえる心理学　公式サイト」をご覧ください。（http://yumekana-psych.com/）

自尊心と願望実現の度合いは比例します。願望実現は「自尊心」「行動（努力）」「技術（コツ）」の3つの要素から成り立っています。高い「自尊心」をベースとして、適切な「行動（努力）」を繰り返せば、どんな願いでも叶います。その際、アファメーションなど願望実現の「技術（コツ）」を知って実践すれば、より短期間に効率的に達成することができます。

ただし、それぞれの割合は「自尊心：53％」「行動（努力）：40％」「技術（コツ）：7％」[*]と自尊心の割合が全体の半分以上を占め、どんなに行動を繰り返し、技術を学んだところで、ベースの自尊心が低い状態だと永遠に空回りしてしまいます（＊「53：40：7」の配分については「ランチェスター経営戦略」の竹田陽一氏による「願望：戦略：戦術＝53：40：7」に着想を得ました）。

目安としては、診断結果のBランク以上にいると、学ぶべきを学び、適切に行動していればだいたいのことは実現します。恋愛、結婚、収入、健康など生活のベースはとくに顕著です。

これまで頑張り続けてきたのに、いっこうに状況がよくならない人は、Cランク以下である可能性が高いので、本書を読んで適切に改善していくことが望ましいでしょう。

設問から自尊心の本質に迫る

設問に答えていくなかで、その選択肢と配点について疑問に思った部分もあったかと思います。本来は診断の内訳は秘密にしておいた方が余計なバイアスがかからず好ましいと思うのですが、この設問自体に自尊心を解き明かすカギがありますので、一つ一つ解説したいと思います。

ただし、まだ診断がお済みでなければ、解説を読む前にぜひ済ませてください。5分もあれば完了しますので、まずは現状認識をお願いします。

問1　あなたの子ども（現在いてもいなくても）は幸せだと思いますか？

自尊心は世代間で連鎖するため、親の自尊心はそのまま子に受け継がれます。仮に自分自身の生活を満足に思っていたとしても、自分の子どもは、と考えるとより正直になります。我が子のことを不幸や不憫に思う親の自尊心は低く、リアルな診断結果へと反映されます。

問2　不労所得などで、働かないのにお金持ちの人を見てどう思いますか？

「素晴らしいと思う」が自尊心の高い人の回答だと思う人は多いでしょう。しかし本質的には「ちょっと微妙だ」とさほど変わりません。なぜなら自尊心には他人への評価軸がないからです。自尊心の高い人は、他人の収入や生活スタイルがどうであろうが関係ありません。他人と比較して一喜一憂することなく、淡々と自分の生活を楽しむ人なのです。

問3　あなたは、今、憎いと思っている人がいますか？

「絶対にいない」と答える人が自尊心が高いと思われるかもしれませんが、本当に自尊心が高い人は「憎い」という観念に乏しいので、「あまり考えたことがない」と答える人が多いのです。「絶対にいない」と全否定する人は無意識に隠している可能性があり、自尊心の診断としては低くなります。

問4　あなたは両親を思い浮かべたとき、どんな感じがしますか？

自尊心は0歳から3歳くらいまでにベースがつくられるのですが、その時期に最も影響を与えるのが両親です。両親に安心や安らぎを感じる人は、心のなかの安全基地（セキュアベース）がしっかりしており、それが自尊心を支えています。ただし、健全に大人になった今は適度に依存から離れ、「とくに何も感じない」が多くなります。

問５　有名人の不道徳（不倫、法令違反、失言など）を知ったとき、どう感じますか？

しばしば有名人、成功者のスキャンダルがテレビやネットで知らされます。本来は全く自分に関係ないはずなのに、マスコミも視聴者もこぞってそのスキャンダルを追いかけます。自分より恵まれた人たちが苦しむ姿を楽しむ人は、自尊心が低いのです。自分のなかに「不幸」そのものの種があるのですから。

問６　あなたは年収をどれくらいに増やせると思いますか？

自尊心と収入の高さは、ある程度相関関係があるので、単純に金額の大きい順に並べています。ただし、根拠もなく単なる願望レベルで「～円まで増やせる」と、現実からかけ離れた金額を言う人は、往々にして、自尊心の低さを覆い隠すための反動であることが多いものです。あくまで「誰とも競わず」の前提に立てば、常に必要な範囲を自分で決めている方が自尊心は高いと言えます。

問7　「問6」ではなぜそう思うのですか？

「問6」の続きになりますが、重要なのはむしろこちらです。自己啓発書などで、しばしば「根拠なき自信を持とう」などと言われますが、その言葉に反応する人はそもそも自信がなく、自尊心も低いと言えます。「理由はないけど信じているから」「自分だけは特別だから」のような回答は単なる願望に過ぎず、むしろ自尊心が低いあらわれなのです。実際にそうであるか、その能力の事実の裏付けがある方が自尊心は高いと言えます。

問8　最も仲のよい親友がステージ上で称賛を浴びているのを見て、どう感じますか？

仲のよい親友が自分より上に立つとどう思うでしょうか。ほとんどの人が表向きは嬉しい言葉を発すると思うのですが、本音のところで焦っている人は少なくありません。自分が取り残されたような気がして、どこか引きずり下ろしたい気持ちが芽生えてきます。しかし自尊心の高い人は、自分も同じように賞賛されている気持ちになり、純粋な気持ちで喜べるのです。

問９　身近な知人が「自分がやりたいと思っていること」をやっているのを見て、どう感じますか？

自分が本当にやりたいと思っていることを知人がやっていて、自分はできていない。その場合、自尊心の高い人は、もちろん邪魔をしたいとは思いません。そのうち自分も続くことを確信しているし、他人と比較したい気持ちがそもそもないため、特別な感情は出てこないのです。

問10　過去のことを思い出して、苦しくなる、又は、頭が真っ白になることはありますか？

単純にトラウマ（心的外傷）を診断する設問になります。トラウマは自尊心を著しく傷つけるため、この設問に強くあてはまり生活に支障まできたしている人は、心療内科の受診等を含め適切に治療をする必要があります。

自尊心の基本はあくまで「自己評価」と「自己選択」にあるため、他人の成功を素直に喜ぶことはあっても、極端に羨望することはありません。どこまでも基準は自分にあるため、他人との比較、優劣に惑わされることがないのです。

もしかすると意外な設問と答えがあったかもしれませんが、「自己評価」と「自己選択」を軸とすると、自尊心の本質が見えてくると思います。

「Aランク」のこれから
～あなたはそのままでいい！

ここからは、ランクごとの対応方針について説明します。まずAランクの人ですが、自尊心が極めて高いレベルにあるため、思ったことはほとんどが実現している段階にあります。なお、私自身の現時点での診断結果は「25点」で、Ａランクまで一歩届かずでした。

Ａランクの人は、感覚値として現時点で８割以上の願いが叶っており、残り２割は取り組み中か、そのうち叶うと放置している状況にあるでしょう。ただし、自尊心の大きさと願望・夢のスケールとは、必ずしも比例しているとは限りません。

年収２００万円であっても、日々感謝して、慎ましく楽しく生きている人は総じて自尊心が高いものですが、年収１億円でも、常にピリピリと緊張した状態で疲れを溜めていたりすると、自尊心は低いと言えるでしょう。

願望の究極の姿は、「叶うことしか願わない」ところにあります。「10億円のビルのオーナーになる」と「１５０万円の軽自動車を買う」では、確かに10億円のビルの方が大きな願望だと言えます。しかし、普通に生活をしていて、10億円のビルは本当に必要でしょうか。その願いが出てきた時点で「他者との比較、優越意識」があるならば、それは自分軸ではなく、よって自尊心が高いとは言えないのです。

むしろ必要な範囲を常に把握していて、生活には150万円の軽自動車の方が欲しいのだと思っていれば、無理なく願いは叶えられるのです。

叶わないことは願わない。自然と叶うことだけ願っている。そのような状況が最も自尊心が高いのです。

正直、Aランクの人はとくに何もする必要はありません。今まで通りに普通に生活していればいいでしょう。あえて言うなら、もう2〜3割ほど高い夢を持つといいかもしれません。チャレンジして達成できたときの喜びは、今よりもっと人生に色彩を与えるものですから。

もちろん常に新たな目標を立て続け、どんどん達成している人もいるでしょう。そうであるなら、あえて目標を立てずに、成り行き任せにしてみる方法もありです。宇宙の意思を確認する上で、あえて何もしない。自分の意思から外れた、思わぬサプライズを楽しんでもいいのではないでしょうか？

「Bランク」のこれから
～新たな体験によって人生を加速する！

Bランクの人は思ったことの半分以上は叶っている状態ですし、これからもそうなります。しかし、できれば半分と言わず、８割くらいは常に叶っている状態でいたいものです。

健康状態はよいし、恋愛や人間関係もそこそこに満足している。収入も困ってはいないけど、できればもう少し増やしたい。独身であるなら、望み通りの素敵なパートナーと出会って結婚したい（もちろん既婚者でもＯＫですが）。つまり、もう少し欲張りたいところですよね。そうなるために、自尊心をもうワンランク上げる方法をお伝えしたいと思います。

1 自分を甘やかす（とくに女性）

Bランクの人は頑張り屋さんが多いかもしれません。「自尊心：行動：技術＝53：40：7」の割合から、自尊心がやや足りない分を行動で補っていることが多いからです。計画をびっしり立てて、トゥ・ドゥ・リスト（やることリスト）を作成し、ストイックにタスクをこなす。これ自体は素晴らしいことで、そのまま続けられるといいでしょう。

しかし、ときには「ま、いっか……」の精神で息抜きをすることも大切です。ささやかな無駄遣いも自尊心アップにとても効果的。例えば普段の行きつけの安いカフェではなく、高級ホテルのラウンジで1杯1500円のコーヒーでくつろいでみる。発泡酒ではなく、ちょっといいビールをダースで買う。高級店のケーキやタルトを買いにタクシーで行ってみる。

「自分を甘やかす」はとりわけ女性に効果的です。昨今は個人で独立して大成功している女性起業家が増えてきて、私の友人にも多くいるのですが、彼女たちの共通点は決して頑張っていないことです。非常におしゃれで、独立前より美しく若返っています。服や美容にかけるお金も増えていると言いますが、成功したからお金をかけられるのではなく、独立することで「自分を甘やかす」ことを知ったためです。

男性の場合、起業して必ず失敗するパターンが、実家で暮らしていくこと。衣食住の心配がなく、肝心なときに底力を発揮することもありません。男性は危機的状況、背水の陣が潜在力を活性化させることで成功するパターンがほとんどですが、これは女性には当てはまりません。家賃や毎日の食費に充てるお金があったら、その分を自分の贅沢のために使う方が効果的。

「男性性」は与えることで活性化するのに対し、「女性性」は満たすことで豊かになるので、男女では富の引き寄せ方が全く逆と言えます。

もちろん男性にも女性性があり、女性にも男性性があるので、女性が瞬発的に男性性を使って一気にお金を稼ぐことはあります。しかし、それは決して長続きしません。女性の器で男性性を使いすぎると、ギスギスした雰囲気になり魅力を損ない、最終的に富を引きはがすからです。

やはり男性は男性らしく（男性性を活性化）、女性は女性らしく（女性性を活性化）、の方が絶対的にうまくいきます。男性はときにはハングリーで野獣のような目つきをしている方が魅力的なところがありますし、女性はゆったりと寛ぎながら笑っている方がはるかに魅力的です。

なので、女性はインスタントラーメンなど食べてはいけません。なぜなら、似合わないからです。その代わり、女性におススメの食べ物があります。それは「マカロン」です（笑）。私は男性ですが、初めてマカロンを食べたとき驚きました。小さい、色がケバい、甘すぎる、そして高い。あの小さいマカロンはコンビニでも1個300円くらいしますし、専門店なら1000円近くするものも珍しくないようです。私なら、マカロンを食べるくらいなら、アイスクリームかどら焼き、たい焼きなどを食べます。その方が安くたくさん食べられるから。

しかし、女性はマカロンが好きなようです。マカロンの魅力は可愛いところ。女性は男性と違って「可愛い」をエネルギーにして豊かになるのです。ぜひ、マカロンで贅沢をして、自尊心を高めてください。

2 人間関係を変える

自尊心を高めるには、まず、不幸な人間関係を改善する必要があります。まず、嫌いな人、苦手な人との付き合いを一切やめてください（もちろん問題がなければこのままで）。

自尊心とは、自分を大切にできる心です。自分のことが好きであれば、自分を粗末に扱うような環境に、わが身を置いておくことはできないはず。自分を粗末に扱う人から離れて自分を幸せにしてあげる、それが自尊心のある人の行動です。

何かにつけてケチを付けたがる人、人の批判ばかりする人などからも思いっ切り距離を取ってください。会社や仕事で付き合いがあるので仕方のないこともあるでしょうが、まずは思い切って「切る」ことを考えてください。それでも難しい場合は、仕事以外での付き合いを一切やめることです。そんな人たちと付き合って、自分が犠牲者になる必要はありません。

また、自分を不幸にする人間関係が、両親やパートナーなど最も身近な人であったら、なおさら距離を取ることを勧めます。確かに経済的問題、子どもの関係などから、安易に別居、離婚はできないことはわかります。

できれば歩み寄って関係を改善したいと思われるかもしれませんが、改善するのは相手であって、決してあなたではありません。あなたが犠牲になって動く必要などないのです。顔を合わせれば罵り合いになり、あなたの自尊心が著しく低くなるようなら、その関係に終止符を打つ方が長い人生ではるかに幸せになります。

自尊心が低いときは、なかなか人間関係を切れないかもしれません。「子どもがかわいそうだから離婚できない」とか「親だから仕方ない」という理由で、一緒に居続けるでしょう。理由をつけるのは、自分の自尊心のなさを正当化するための言い訳です。厳しいことを言うようですが、このままでは自分を幸せにすることはできません。

もし、あなたの身のまわりに不幸な人間関係が存在するとしたら、まずはそこから身を引くこと。勇気が必要なことですが、これを達成できたあとは必ず穏やかな安心感に包まれるでしょう。

そのための一歩は、「こんな人間関係、切ってやる」と自分自身に宣言することです。何度も言うように、言葉の威力を見くびってはいけません。すぐに具体的な行動に移れない環境にあるならば、まずは宣言することからスタートしてください。

3 他人の成功を応援する

プロゴルファーのタイガー・ウッズは、自分の優勝がかかった試合であっても、相手に「入れ、入れ」と念じていたそうです。

相手が最後のパットを外せば自分の優勝が決まるという場面なのに、それでは面白くないらしい。形として相手のプレーを応援することになるのですが、それはまさに自尊心が高いからに他なりません。自分の力を信じているからこそです。

ビジネスの世界でもそうで、成功者は総じて応援上手です。仲間が本を出したり、新たなビジネスを始めたりすると、ネットからリアルから、自分の持っている人脈をフル動員して全力で応援している姿をよく見かけます。私自身もこれまで、様々な場面でたくさんの人に応援してもらったからこそ今があります。

ただし、応援してもらうには、自分自身も応援上手である必要があります。正直な話、自分と似たような立場、境遇、年齢の人たちから一気に差を付けられるような場面に直面すると、少し複雑な気持ちも起きました。見て見ぬふりをするようなこともあったものです。

ただ、ここは少し合理的に考えてみるといいかもしれません。もし他人が成功して、その代わりに自分自身が失敗することが決まっているのであれば、他人の失敗を願うのも一理あります。しかし、現実はそんなことはありません。

「他人の失敗」こそが人生の最大目的であるなら、いくらでも願えばいいでしょうが、そんな人はまずいないでしょう。やっぱり「自分の成功」を第一に置くのではないでしょうか？

だとすれば、他人の成功を応援するのと、失敗を願うのとでは、どちらの方が「自分の成功」に近づきやすいでしょうか？

もちろん直接的な見返りのない応援だってたくさんあります。ですが、自尊心レベルの話で言うと、他人の成功を応援することで、間違いなくポイントが上がっていきます。逆に失敗を願うとポイントは下がります。

もう一度問いますが、他人の成功を応援して自尊心レベルを上げるのと、失敗を願って自尊心レベルを下げるのとでは、あなたの人生にとってどちらの方が得策でしょうか？　ぜひ考えてみてください。

ある意味、「利己的に他人を応援する」でもいいのです。デール・カーネギーの『人を動かす』でも「人間は例外なく他人から評価を受けたいと強く望んでいるのだ。この事実を、決して忘れてはならない」とあるように、この原則に基づいた利己的な行動であっても、相手に喜んでもらえばいいじゃないですか。

その行動は巡り巡って自分に返ってくる、まさに「情けは人の為ならず」です。

他人を応援し続けると、自尊心レベルは確実にアップします。加えて、さらに自尊心をアップさせる最強の秘術をお伝えしましょう。

それは、**「嫌いな人の幸せを祈ること」**です。私自身、人前に立ったり、ネットで積極的に情報発信をしたりしていると、どうしても批判や誹謗中傷を受けるのは避けられません。とくにネットの時代になって、火のないところに煙を立たせるようなことも起こり、面食らうこともしばしば。なかにはしつこく執拗に批判してくる人もいます。

正直、そのような人達のことを決して好きにはなれません。しかし、その人達のことを考えると、それだけ批判したくなるのは、本人がいちばん苦しく、問題を抱えているからなんだとわかりました。もしもその人達から苦しみがなくなれば、批判することもないだろうと考えたのです。そこで神社に行ったとき、いつもその人達の幸せを祈ることにしました。

それでどうなるかはわかりません。すぐに批判が止む止まないは関係なく、少なくとも私自身は穏やかでいられます。**その穏やかな心こそが自尊心をアップさせる**のです。

もしも今、苦手な人、嫌いな人がいたらチャンスです。直接応援するような自己犠牲を払う必要は全くありませんが、気が向いたときに、心のなかで幸せを祈ってあげてください。

少なくともあなた自身は救われます。幸せになれます。

4 旅に出る

第1章で「人生を変える三種の神器」として、「本、旅、人」を紹介しました。本を読んでも、人と会っても、自尊心を上げることはできますが、ここでは「旅」の話をもう一度させてください。

私自身、これまでの人生で随分と旅に助けられてきました。２００5年5月、会社を辞めた直後、21日間のインド旅行に出かけ、暴漢から殴られたり、所持金を取られたり、標高３５００ｍの高地で高山病に苦しめられたり、さんざんな目に遭ったのですが、そこで「悟り」に通じる劇的な体験をしました。

これまでにも著書で何度か触れていますが、インドのチベット地方「ラダック」の山の上で般若心経を１０００回唱えているその８２０回目に、この宇宙は「感謝」で成り立っていることが突然胸に迫り、こみあげて溢れました。その瞬間に、人生が完全にＯＫに思えた経験をしたのです。

もう一つ、エピソードを紹介したいと思います。

実は私の高校時代の先輩にあたるのですが、元プロ野球選手で現在は指導者・解説者をされている桑田真澄さんの話です。

桑田さんは高校時代、清原和博さんとKKコンビと呼ばれ、甲子園だけでなく野球界全体に記録と記憶を強烈に残しました。そして桑田さんは早稲田大学への進学が決まり、清原さんはプロ野球で巨人（読売ジャイアンツ）に入団することを熱烈に希望していました。しかし、ドラフト会議の日、巨人が1位指名したのは進学するはずの桑田さんでした。いろいろな思惑があったにせよ、それで桑田さんのイメージが下がったと言う人もいました。

清原さんは西武ライオンズに入団し、1年目から大活躍する一方で、桑田さんは期待通りの成績を残せず、シーズン後に二軍のキャンプ地であるアリゾナに行かされました。そのとき、桑田さんの心には「引退」の2文字があったそうです。

ある日、チームでグランドキャニオンに観光に行くことになりました。桑田さん自身は全く気乗りしなかったのですが、しぶしぶついて行きました。以下、桑田真澄著『心の野球―超効率的努力のススメ』（幻冬舎）からの引用です。

＊

やがて、グランドキャニオンに着いた。アリゾナといえども、もう冬の直前だったこともあり、気温も低かった。

「寒いから、バスにいます」

マネージャーにそう言ったのだけれど、

「うるさい、グズグズ言わずに早くしろ！」

無理やり降ろされてしまい、みんなのあとを追いかけた。

「何がグランドキャニオンだよ……」

その瞬間、一気に視界が開けた。

大パノラマが眼前に広がっていた。

大渓谷。見渡す限り巨大な絶壁が広がっていて、そのふもとのほうにはコロラド河がかすんで見えた。

この大自然に素直に感動した。自然と涙が出てきて、鬱々とした気分が本当に一気に吹っ飛んだ。

「なんて、自分は小さいんだろう。この大自然の雄大さに近づきたい」

「もっともっと大きな気持ちだ。このグランドキャニオンのような大きな気持ちに、なぜなれなかったのだろう」

そう己を反省し、その場で目標を立て直した。

「今年は2勝だった。来年8つ勝てばトータルで10勝だ。まず、10勝達成を目指そう」

大自然の前に僕は誓ったのだ。

*

桑田さんは翌シーズン、15勝をマークし、その後も毎年2ケタ勝利が続く名実共に巨人のエースになりました。その転機となったのが、グランドキャニオンでの一瞬。私がインドの山奥で体験した「一瞬」に似ていると言ったらおこがましいでしょうが、旅にはときとしてこのような現象が起こるもの。

桑田さんで言うなら、「自分はもうダメだ、引退しよう」と腐った気持ちで自尊心も下がりっぱなしだったところ、あまりも超越的な自然、まさに「神」と呼べるような存在と対峙したときに起こりました。

ルドルフ・オットーの『聖なるもの』（岩波文庫）によると、**自らが超越した自然、宇宙、神聖なるものに出会ったとき、理由なく感情が湧きたち解放されるような体験を「ヌミノース」と呼んでいます。**

日々の生活のなかでズタズタに傷付いていた自尊心を、あたかも生まれたばかりのマックスの状態に戻すような現象。

それは意図的に起こそうと思って起こせるわけではないのですが、もしかしたら準備が整えばやってくるのかもしれません。矢沢が奥さんから言われた、「矢沢が本気になったら返せない金じゃない」という言葉と同様です。どん底に落とされたとき、宇宙の意思が働き、全力であなたを救うために蜂起するのです。

いつなんどき起こるのか約束はできませんが、動いている限り、起こるべきときにそれは起こります。

これらを意識することで、自尊心をもうワンランク上げ、さらに第5章でお伝えする数々の「技術（コツ）」を実践すれば、願いが叶う速度が急加速しますので、楽しみに読み進めてみてください。

「Cランク」のこれから
～何よりもまずは自分！

Cランクに進みますが、こちらは頑張れば叶うことはあっても、必ずしもスムーズでなかったり、思ったことが実現することは半分に満たないような段階の人たち。Cランクの方のためのエクササイズを4つほどご紹介します。Cランクでも、Bランクとのボーダー上にある人も多いと思うので、気持ちが楽ならBランクに取り組んでも大丈夫です。同様にBランクの人も、Cランクのエクササイズは必ずしも無関係ではありませんので、まずはご一読ください。

1 頑張らない

ネットワークビジネスという業務形態があります。それ自体は合法で健全なシステムなのですが、参入障壁が低いためか、たくさんの人が関わっている分、問題も少なくないようです。活動するにしても、「ねずみ講」と言われながら、友人知人を勧誘していくため世間のイメージも決してよくありません。

先日、日本で最も売り上げているネットワークビジネス会社のトップクラスの販売員、2名とお会いしたのですが（別々の会社です）、その2人にはある共通点がありました。それは、**全く強引ではない、ということ**です。それが珍しいことなのかと言われると、私の偏見もあったのでしょうが、お会いする前はその業務形態から強引なイメージを持っていたのです。

ときには詐欺や悪徳と言われながら活動することもあり（会社や人にもよりますが、もちろんそんな事実はありません）、押しが強かったり、契約するまで粘るようなしつこさがあったり、トップになるには強靭なメンタルが必要だとばかり思っていました。その強さはしなやかな竹をイメージさせるもので、つまり自尊心が高いのです。

そのビジネスは当然、断られることも多いのでしょうが、自尊心の低い人が活動すると**「断られる私は価値がない」**と思い込んでしまいます。そうやってもともと高くない自尊心が、断られ続けることでますます低下し、そのうちに疲弊して辞めてしまいます。

一方、自尊心の高い人だと、**「断られても、断られなくても私は価値がある」**が前提ですので、自尊心（53％）は傷付かず、ちょっとした「技術（コツ）：7％」を学び、「行動（努力）：40％」を淡々と繰り返すことで、結果はあとから追いかけてきます。

つまりこうなります。

- **あなたがOKでもNOでも私は価値がある＝自尊心が高い**
- **あなたがOKなら私は価値があるが、NOだと価値がない＝自尊心が低い**

ここでのOKとは「承認される」を、NOは「承認されない」を意味します。お会いしたトップのお2人は、すでに成功されているからもあるでしょうが、頑張っている雰囲気が全く感じられず、それは生活全般に渡っていました。

ここで「頑張る」を定義します。「頑張る」とは「他人から承認を求めて無理して行動する」となります。基本的に他人は思い通りになりません。その思い通りにならないものを、思い通りにしようと努力するから頑張りが必要になるのです。

しかし、**思い通りになるものもあります。それは言うまでもなく「自分」**です。例えば他人から断られても、そもそも思い通りにならないものだから仕方がない。だけど、その事実を受けて「明るく次に進む」か「落ち込んで動かない」かの選択だけは自分の思い通りになります。

自尊心は「自己評価」と「自己選択」によって成り立っています。他人の評価、承認は関係ない。思い通りにならないものを、思い通りにしようとするから頑張りが必要となり疲れるのです。なので、まずは自分で自分を最大限に評価するのです。

そして**どんなことが起ころうとも、唯一自由になる自分の心だけは自分で選択してください。**

「他人の評価は関係ない、評価するのはいつも自分だ」（自己評価）
「自分の心のなかまで他人には決めさせない、選択するのはいつも自分だ」（自己選択）

【図 13】

この2つの言葉を常に思い出し、「自己評価」と「自己選択」の軸が、宇宙から1本の細い柱として伸び、頭のてっぺんから身体を通って、地球の中心まで届くイメージをしてください。この状態を保てば、他人の承認を求めたり、自由を手渡したりなどのブレは生じません。

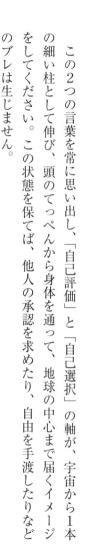

ネットワークビジネスのような過酷な仕事であっても、他人の承認も批判も関係ありません。その軸に立った人だけが成功できるわけで、それはどんな仕事でも同じです。まずは軸を意識する。それが自尊心を高める最初の一歩です。

2 無意識任せにしない

あるがまま。宇宙にお任せ。直感で生きる。流れに乗って。何もしなくていい。

いわゆるスピリチュアル系でよく見られる文言ですが、一定層にはとてもウケがよいようです。確かに高次元の視点から見ると、この世の中は起こることが起こっているし、すべてが宇宙の意思において必然であることは間違いありません。その意味で「あるがまま……etc.」が真理において間違っているわけではありません。

しかしここは地球であり３次元です。さらに私たちは人間です。言葉と自由意思を持った人間です。その与えられた人間としての役割を放棄して、ただ「あるがまま」を

錦の御旗に、無為に生きるだけでいいのでしょうか？　そもそも本当にそう生きたいのでしょうか？

Ｃランクにある人の多くは、自分で考えることが苦手かもしれません。考えることはリスクを伴います。なぜなら考えると、必ず「変化」が起こるから。脳が莫大なエネルギーを要求し、身体全体に負荷がかかります。さらに考えたことを言葉として表現したり、行動に移したりすると、周辺環境や人間関係に大なり小なり変化が起こります。そして変化は危険を伴う。ゆえに考えることはリスクなのです。

だからこそ人に考えることを要求しない。「あるがまま……etc.」はとくにＣレベルに安らぎを与えるのです。

ただし、「あるがまま」が宇宙的真理である一方、物理的には別の法則が働いています。いわゆる熱力学で言うところの**「エントロピー増大の法則」**がそれです。これは「自然は秩序から無秩序に向かう」という物理の原理であり、「部屋を片付けなれば次第に乱雑になる」などの比喩でも説明されます。

つまりは、**「何もしなければ、どんどん悪くなる」が物理空間における絶対法則**であり、言い換えると、人は意識的に生きなければどんどん不幸になるのです。

一般に「糖類・糖質」は習慣性があると言われます。疲れたときの飴やチョコレートは実に美味しいものですが、普段から砂糖菓子を食べる習慣のある人は、特別なときでなくとも砂糖を欲するようになっていきます。その要求は「無意識」の仕業なので、放置しているとどんどん体内に糖類・糖質が蓄積され、肥満やその他の生活習慣病を誘発します。

では、そのような不本意な結果を避けるにはどうすればいいか。まずは**意識的に生きる**ことです。米や小麦を取りすぎると肥満になると知れば、どこか1食は減らしてみる。今までコンビニに入ると習慣的（無意識）にチョコレートを買っていたけれど、一度、買わずに出てみる。ちょっと意識するだけで、いろいろな変化を起こせるはずです。

「引き寄せの法則」においても、重要なのは「決める」こと。「引き寄せの法則」の真意は、都合よく楽に望みを叶えようなどというものではなく、よいことも悪いことも自分が決めた結果だと知るところにあります。

「無意識（潜在意識）」は安心・安全を第一の目的としますので、変化することを極度に嫌います。「月収100万円」とか「イケメンとの結婚」など、頭で考えて望ましいことであっても、それが現状から見た「変化」である以上、無意識はそれを避けようとします。その結果、いつまでも現状維持が続いて、望ましい人生が実現できないのです。

例えば「月収100万円」になると決めたとします。

そこで手始めに第1章でご紹介した「お金持ちになる本」をすべて読むことから始めます。しかし、無意識は「こんなの読んでも変わらないよ〜、漫画の方が面白いよ〜」とささやきかけています。無意識は変化を抑制するために、そんなことを必ず言ってくるのです。

しかし決めました。決めたのです。収入をアップするため、まずは『人を動かす』を読破しましょう。それまでは別の本を読まない。その結果、『人を動かす』を読んだ自分と、無意識に流されて読まなかったであろう自分と、全く別人になっていることがわかるのです。こうやって、「決める」ことで人生は大きく動き始めます。

「引き寄せの法則」の「心地よい感情を得る」ことにおいても、自分が本当に欲しいものは「100円の板チョコ」なのか、「1500円のタルト」なのか、金額やいつものパターンに流されず、意識的に「感情」を選択するのです。

これからは「無意識」にお任せするのは卒業しましょう。最初の方は、それこそ意識しないと「意識」できませんが、それもまず一歩です。「意識」の積み重ねによって、自分に軸を取り戻すのです。つまり、自尊心を取り戻すのです。

3「すべては自分次第」を受け入れる

10年ほど前、アメリカのセールスコーチのセミナー音声（日本語）を流し聞きしていたのですが、突然、猛烈に耳を奪われる話が始まりました。**絶対売れるための、成**

功するための、最強の「呪文」を教えよう、と言うのです。

それは2つありました。**一つは「自分が好き」**、そして**もう一つは「すべては自分次第」**というものでした。

「自分が好き」はまだわかるのですが、「すべては自分次第」にやたらザワザワしたのを覚えています。独立したてで収入もほとんどない状況で責任を強く感じていた頃。確かに収入がないのは自分の能力や根性のなさだとの自覚はありましたが、日本経済がもっとよければ、仕事がたくさんあれば、みたいな気持ちも少しはあったからです。

さらにその2～3年後だったと思いますが、知人のビジネスセミナーに参加したとき、講師の方が一倉定さんという経営コンサルタントが発したと言われる次の言葉を紹介しました。

「電信柱が高いのも、郵便ポストが赤いのも社長の責任である」

一倉さんは非常に厳しく、カリスマ的なコンサルタントであったと伝説化されていますが、「電信柱が～」の一言はとくに知られた言葉のようです。とかく、従業員のせい、顧客のせい、日本経済のせい、法改正のせいなどと責任転嫁ばかりする社長に向けられた叱責とのことですが、これもまさに「すべては自分次第」なのです。

ただ、Cランクにいる人に対して、「すべては自分次第」という言葉は非常に厳しく突き刺さるかもしれません。もしかすると、罪悪感ばかりを増幅させてしまう恐れもあります。

しかし、本当の意味で「すべては自分次第」を受け入れたとき、その瞬間から人生は大きく変わります。なぜなら、この言葉の真意は**「究極の自由」**だからです。

例えばこの2つの言葉の違いはおわかりでしょうか？

a　美味しいものを食べる
b　美味しくものを食べる

パッと見、何が違うかわからないかもしれませんが、1字だけありますよね。「い」と「く」の違いですが、意味は全く正反対となります。

前者の「美味しいもの」は、それがお寿司なのかステーキなのかわかりませんが、今ここにないものを探さなければなりません。もしかしたら、見つからないかもしれません。昔、私の母親が「なんか、おいし〜もん、食べたいわ〜」と口癖のように言っていましたが、その「おいし〜もん」の正体はいまだにわからずじまいです。つまり、自分自身が美味しい思いをするためには、「美味しいもの」が実際にあるかどうかに左右されるのです。

一方、「美味しくものを食べる」は、それがコンビニおにぎりであれ、サバの缶詰であれ、小学生の娘が初めてつくった手料理であれ、自分の思い次第でどんなものでも美味しくなるのです。すべては自分次第で、何を食べても美味しくなるのです。**これぞまさに自由です**。

せっかくの旅行なのに雨が降っている。天候ばかりは自分のせいじゃないのはわかりますが、雨でも楽しめるかどうかは自分にかかっています。晴れでないと楽しくないのは不自由ですが、晴れでも雨でも楽しめることは究極の自由です。

勤めていた会社が急に倒産したのは、普通に考えて自分だけのせいではありません。しかし、会社がないので自分は不幸だと思うのは不自由ですが、そこから「新たな人生に向けた前向きなスタートだ」と思うのは、自分次第で自由です。

今度結婚する彼氏は、収入もそんなにないし、背も低いし、頭髪も薄くなってきたけど、自分にとっては世界一の旦那だと思うのは、自由です。仮に今、収入も容姿も最高だと思っても、それらはいつまで続くかはわかりません。歳を取ると若い頃のようなイケメンじゃなくなることだってあるし、収入だって一生安泰とは限りません。収入や容姿がよくないと幸せではなくなるのは、やっぱり不自由です。

私たちにとって大切なのは、外側にいいものを探し続けることではなく、自分の住む世界が最高になることです。幸せかどうかは常に自分で選択できます。「すべては自分次第」とは、罪悪感や被害者意識を持ちましょうということではもちろんなく、**いつでもこの瞬間から、自分次第で幸せになれるんだという「自由」を持つ**ことを意味するのです。

自尊心の低い人は他人や外側に軸があるので、自分に自由はありません。自尊心の高い人は常に自分に軸があるので、いつでも自由です。何があっても「すべては自分次第」を念頭に置いて生活しましょう。

私自身も仕事や人間関係でうまくいかないことや、面白くないことも少しくらいはあります。しかし、そんなときこそ「すべては自分次第」に立ち戻ると、新たな方法や解決策が見えてくるものです。

「他人や外部がＯＫでなければ、私は幸せではない」ではなく、**「他人や外部がＯＫでもＮＯでも、私は幸せだ」**で生きていきましょう。そう心がけることで、自尊心はみるみる回復し、どんどん願いが叶う体質へと変化していきます。

4 子どもの自分に出会ってみる

自尊心は常に「自分」に軸があります。軸が自分にあるか他人にあるかは、幼少期の過ごし方によって決まる要素が大きいのです。両親や身近な人から「無条件の価値」を認めてもらっている人は、軸が自分に定着しますが、「よい子であれば価値がある（よい子でなければ価値がない）」など、条件付きの価値しか認めてもらっていなければ、自分から離れていってしまいます。

ただ、過ぎてしまったことは仕方がないので、これからのことを考えましょう。ここではセラピー的なアプローチから**自尊心を取り戻す方法**をご紹介したいと思います。

私の実際のセッションでは主として「ビリーフチェンジセラピー（再決断療法・ゲシュタルト療法・交流分析）」と呼ばれる手法を用いるのですが、そのエッセンスを生かして自分で実践できるワークをお伝えします。やり方は実に簡単です。

①目を瞑《つぶ》って子どもの頃の自分を思い浮かべる
（0歳から15歳くらいまでの任意の一場面）

②その子ども（つまり自分）をじっと見て、いちばん伝えたいことを伝える
（「ありがとう／ごめんなさい／愛している／それでいいよ／大丈夫……」など、できる限り励ますつもりで具体的に）

③その子どもの反応や表情を観察する
（笑顔、悲しそうな顔、怒った顔、安らいだ顔など、ただじっと観察する）

④「○○（自分の名前）は、これからどんな人生を歩みたい？」とたずねる
（子どもの自分が話す言葉をただ受け取るだけだが、最初は自分で希望を述べてもいい）

⑤「ありがとう」と言って、目を開けて終了する

第4章　願いを最大限に叶えるためのメンタルコンディショニング

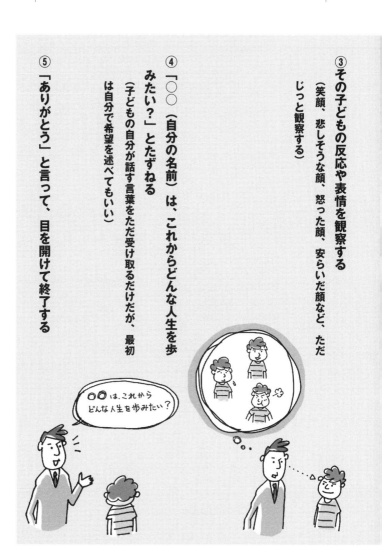

このワークは時間にして長くても5分程度で、いつ実行してもかまいません。部屋でボーッとしているときでも、電車で座っているときでも、お風呂に入っているときでも、寝る前でも、いつでも大丈夫です。また、実際のセラピーのように深く没入する必要もありません。瞑想の一種とお考えください。

私たちの潜在意識には、幼少期の心（感覚的な記憶）を持ったままの自分が存在します（インナーチャイルドと呼ばれることも）。幼少期の自分の「心」（感覚的な記憶）はそのままに、「思考」と肉体は大きくなり大人へと成長します。つまり、私たちは**大人の「思考」と、子どもの「心」を常に同居させている**とお考えください。

【図14】

例え「思考」が大丈夫だと頑張っていても、「心」が傷付いたままだと、自尊心は回復しません。しばしば、「自信を持つにはどうすればいいですか？」と質問を受けることがあるのですが、基本的に「自信を持つ」という状態は存在しません。

一般的にはいかにも力強く、堂々と、生気に満ちあふれている様子をイメージしますが、実際はどんなに力強く見せようと努力しても「自信」には結びつきません。なぜなら、それは大人の「思考」が頑張っているだけで、子どもの「心」は傷付いたままだからです。

おわかりと思いますが、自信の正体は自尊心です。自尊心は生まれたときがマックスであり、そこからどんどん減点され、だいたい15歳くらいで定着します。**子どもの「心＝自尊心」が傷付いているのを、大人の「思考」が頑張っても埋めることはできません**。むしろ、頑張れば頑張るほど「心」とのギャップが開き、無理がたたり、内心は苦しくなるだけです。

「自信がある」とは、いかにもエネルギッシュに力が漲《みなぎ》った様子ではなく、むしろ**自然で力の抜けたリラックスした状態**です。「頑張る」とは「他人から承認を求めて無理して行動する」と定義しましたが、傷付いた子どもの「心」は常に承認を求めています。それを大人の頑張りで埋めようとしても、他人に承認が向いて苦しくなるだけ。

では、誰が子どもの「心」を承認してあげるのか。言うまでもなく自分です。
プロセスの2番目の、

②その子ども（つまり自分）をじっと見て、いちばん伝えたいことを伝える

によって、ありのままの自分（過去の自分）を認めてあげてください。無条件に愛してください。気持ちがともなわなくてもかまいません。「言葉」をかけてあげてください（想像のなかであって実際に声を出す必要はありません）。

その上で、プロセス4番目、

④「○○（自分の名前）は、これからどんな人生を歩みたい？」とたずねる

では、新たな「決断（再決断）」をおこないます。それはあなたの願望や希望であってもかまいません。

「お金持ちになって豊かに暮らします」
「いつも幸せを感じながら暮らします」
「大好きな人と出会って結婚して幸せになります」
「やりたい放題の人生を楽しみます」
「いつもワクワクしながら楽しく過ごします」

どんなことでもかまいません。ワークによってにわかにでも自尊心が回復した状態だと、あなたの願望はより潜在意識に浸透し、叶いやすくなります。

このワークはいつでもどこででもやっていいのですが、決められた方がやりやすいと思いますので、今日から21日間、夜寝る前にやってみてください。布団に入ってでもかまいません。忘れてしまったら次の日に延期してください。少しずつでも自尊心が回復し、思ったことが叶うという実感に近づいていくでしょう。

「Dランク」のこれから
～あなたもそのままでいい！

Dランクの人ですが、残念ながら今は少し苦しいかもしれません。あまり人生が楽しくなく、願いが叶う実感にも乏しいかもしれません。それでいて、Aランクの人と同じく「あなたもそのままでいい！」のです。

AランクとDランクとでは、随分と差があるのに同じスローガンはおかしいと思われるでしょうが、これでいいのです。なぜなら「そのままでいい」は普遍的な真理だから。

まずはその事実だけ、受け入れようとしてみてください。この意味がなんとなくわかったとき、何かが変わります。そして気持ちが楽になったら、Cランクの「4 子どもの自分に出会ってみる」と、そして次の「全ランク」のワークをやってみるといいかもしれません。

「全ランク」のこれから
～前後左右のアファメーション

最後に全ランクを対象としたワークをご紹介します。手順から説明しましょう。

1 両親、祖父母、その前のご先祖さま、そして未来の子孫に向けて「ありがとう、ごめんなさい」と唱える

「前後左右」の「前後」がこれです。前後とは時間軸で言う過去未来のことで、両親やご先祖さま、さらに子孫のことを指します。その人たちのことを思って「ありがとう」と「ごめんなさい」を言います。ただ思って心のなかで唱えるだけ。神社などで手を合わせて唱えてもいいのですが、時間や場所、やり方は自由です。

2 宇宙、自然、人類、家族、友人に向けて「ありがとう、あいしてる」と唱える

「前後左右」の「左右」になりますが、左右とは時間軸では現在であり、空間的な広がりを指します。つまり物理空間としての宇宙から自然、今、生きとし生けるものの存在すべてに「ありがとう」と「あいしてる」を伝えるのですが、やり方は「前後」と同じです。

この宇宙の中心には「ありがとう」があります。すべての中心であり0次元で、ここから始まります。1次元で「自我」が芽生え、2次元の「認識」が3次元の「現実」をつくります。

現実のあなたは、過去のご両親、ご先祖さまの血を受け継ぎ、今、ここにいます。その事実に対して、まずは「ありがとう」。一方、ご両親、ご先祖さまはあなたに対して役割を受け渡しています。もちろんその役割を100%まっとうしているわけではなく、常に発展途上の現在進行形。その自分のいたらなさに対して「ごめんなさい」と懺悔するのです。ご先祖さまもその時代を生きるなかで、いろいろなご苦労をされた

と思います。

しばしば謂われなき借金や疾病など、どう考えても自分の責任ではないような問題を抱えている人がいます。その場合、家族やご先祖さまを一つの「システム」と見た場合、どこかほころびのようなものがあり、未解決のことがあります。

例えばご先祖さまも同様に借金を抱えていたり、戦争や災害など不可抗力的な事態から家族を亡くしていたり。そのような「ほころび」は未来の私たちに受け継がれることがあり、解決を託されるのです。もちろん現実的な対応が最重要である一方で、ご先祖さまの魂を癒し、素直にお力を借りることも必要です。その癒しの言葉がまさに「ごめんなさい」なのです。さらに私たちの未来の子孫や次世代を担う人たちに対しても、新たな使命を受け渡す必要があります。その人たちに対しても「ごめんなさい」と謙虚な気持ちで託すのです。

今、ここに対して「ありがとう」、過去と未来に対して「ごめんなさい」と言うだけで、「認識」された2次元の設計図が修復され、本来の姿、つまり0次元の自尊心マックスの状態に戻ろうとするのです。

さらに現時点においてもいろいろな人や存在のおかげで、あなたはいます。まず宇宙がなければ人は誰も存在できません。そして地球があり、自然があり、たくさんの人々がいるからこそ、今があるのです。

宇宙は光を授け、自然も酸素や食べ物を与えてくれます。そして人々と支え合うことで生きることができる。そのことに対して素直に「ありがとう」と言う。「ありがとう」はすべてを感謝して受け入れる心であり、0次元、存在の原点なのです。

そしてあなたもまた、多くの人の助けとなり貢献しています。つまり与えています。同時に自然に対しても、酸素をいただく代わりに二酸化炭素を与えています。そうして、あなたは宇宙全体のシステムとして完全に調和し、この宇宙になくてはならない存在として機能しているのです。

すべてを感謝して受け入れる言葉が「ありがとう」、見返りを求めずただ与えるだけの愛の言葉が「あいしてる」。つまり、**この宇宙は「愛と感謝」で成り立っており、あなたはこの宇宙の一員として最高の唯一無二の必要不可欠な存在として、今、ここにいる**のです。

その真実に気が付いたとき、0次元、つまり自尊心マックスへとあなたは修復され、宇宙の全協力をいただくことになるのです。

過去と未来に対して**「ごめんなさい」**、全宇宙、生きとし生けるものに対して**「あいしてる」**、そしてすべての原点である**「ありがとう」**。これが宇宙の最も原始的な姿であり、あなたはこの点と一体化することで、本来のあなたに戻っていくのです。

【図15】

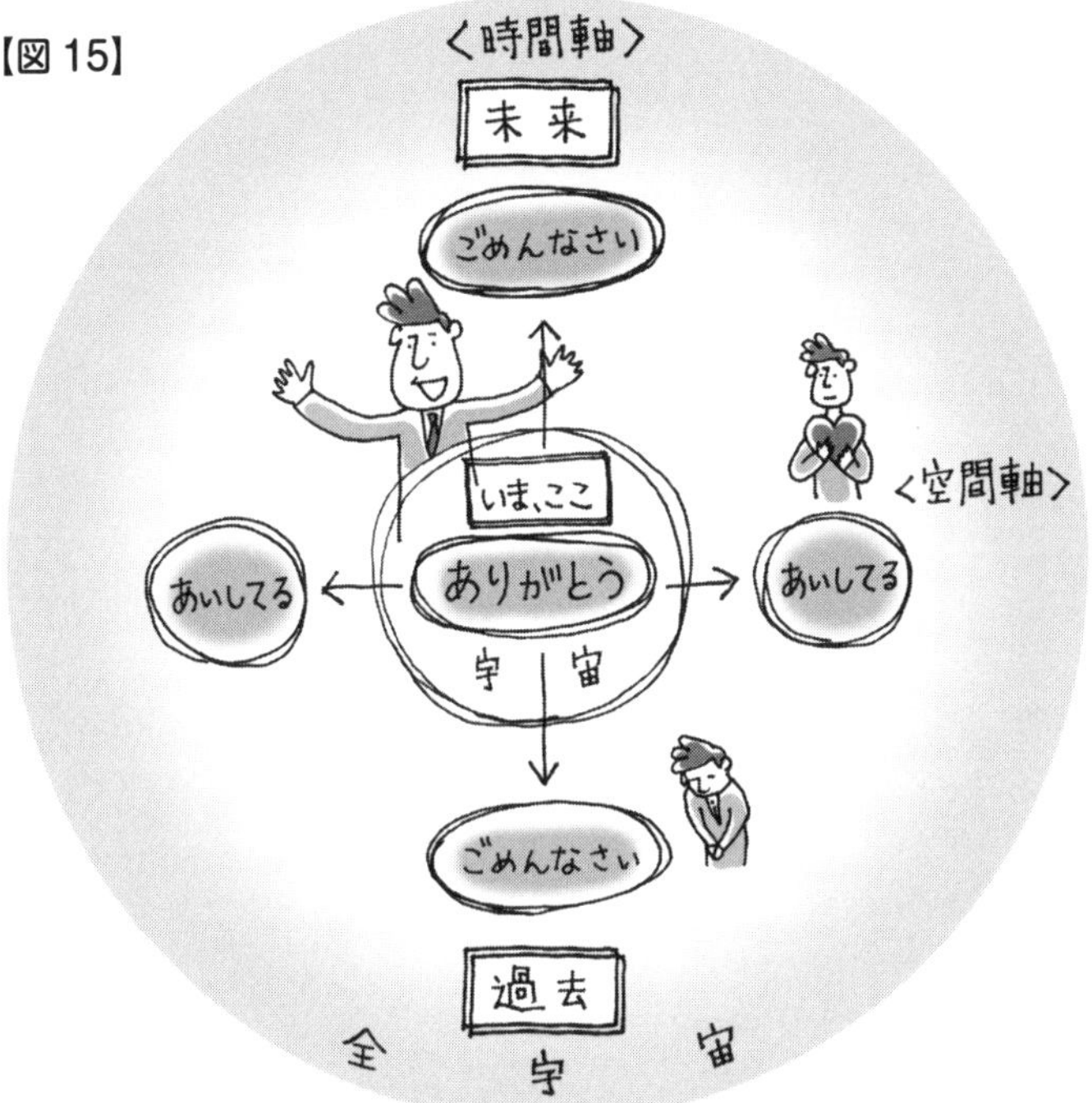

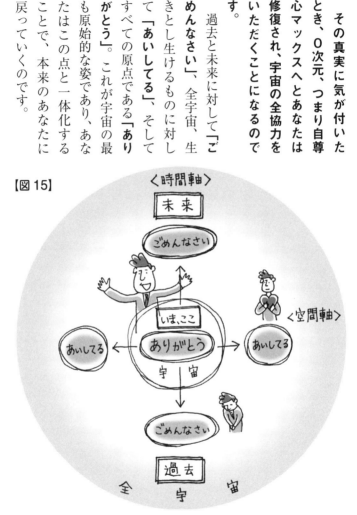

"How to unlock the power of language and change your life"

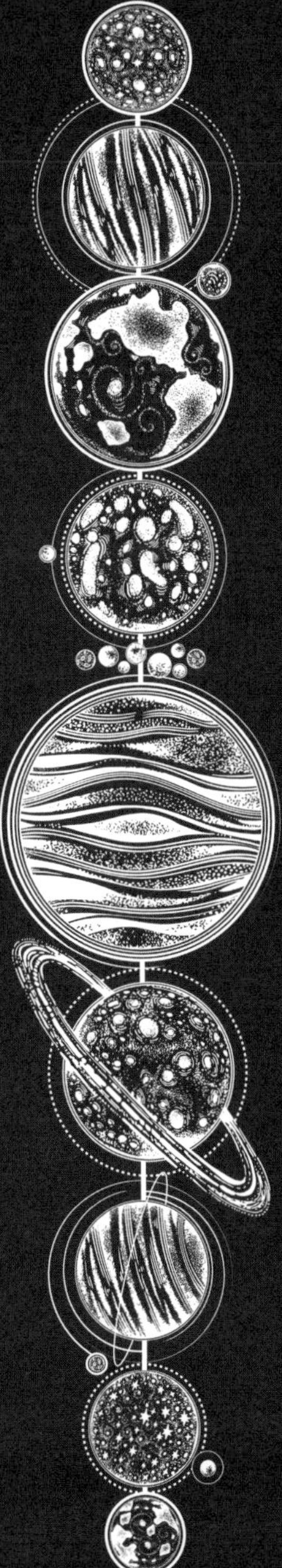

第5章　願望実現を加速させるコツの数々！

願望実現を加速させる「7%のコツ」

願望実現は「自尊心：53%」「行動（努力）：40%」「技術（コツ）：7%」で成り立っており、第4章では「自尊心」とその高め方についてご説明しました。自尊心がA～Bランクであれば、さほど苦労せずとも思ったことは実現しますが、コツをつかめばさらに加速します。

最終章となる第5章では、願望実現のコツの数々をご紹介します。確かに53%の自尊心が安定しない状態でコツを実践しても効果は薄いです。しかし、**コツを知ることで行動が加速し、自尊心が高まるパターンも珍しくはありません。**

例えば他人と一対一で会話をするのが苦手な人がいたとします。人と話をするときに緊張してしまうのも、なんらかのトラウマが残っていたりなど、自尊心と無関係ではありません。

しかしここで、「人の目を見て話をするのが苦手なら、相手の瞬きを数える感じで話をしてみるといいよ」とコツを教えたとします。これは「瞬きを数える」といった別の行動に意識をそらすことで、目を見つめ合うプレッシャーから解放してあげるのです。

そのコツを素直に実践してみたところ、なるほど前ほど緊張もしない。同じように次々と会話を続けていくと、いつの間にか苦手意識も薄れ、どんどん楽しくなるかもしれません。その結果、人と会話をする際のトラウマも消え、自尊心も回復するのです。

ですので、第4章の自尊心診断でC～Dランクになった人も、この章は気楽に読み進め、できそうなところから手をつけていけばいいでしょう。

コツ❶▼どん底生活を救った「呪文」のパワー

弘法大師空海は、19歳のときに「虚空蔵求聞持法《こくうぞうぐもんじほう》」と呼ばれる密法により、天才的な頭脳を獲得したと言われています。それは虚空蔵菩薩の真言「のうぼうあきゃしゃきゃらばやおんありきゃまりぼりそわか」という、いかにも言いにくい呪文を1日1万回、100日間、合計100万回唱えるものです。空海は唱え終わったとき、口の中に金星が飛び込んできて、アカシックレコードにつながった。つまり全宇宙のすべての情報を手にし、書物も経典も見ただけですべて記憶できるまでになりました。実際、密教のすべてを短期間でマスターし、日本に持ち帰り真言宗を広めただけでなく、土木建築の指導もし、さらに書の達人であることも「弘法筆を選ばず／弘法も筆の誤り」などの諺からよく知られています。

私も2004年8月から天台密教の導師の元で滝行を始めており、在家ながら割と本格的に修行に勤しんでいる方だと思っています。ある日、霊能者である導師から「君には文殊さん（文殊菩薩）がついとるよ」と言われ、俄然その気になった私は、文殊菩薩の真言「おんあらはしゃのう」を延々と唱え続けるようになりました。

「三人寄れば文殊の知恵」で知られる知恵の神様ですが、文殊菩薩が活躍する「維摩《ゆいま》経《きょう》」では、意地悪な維摩（釈迦の弟子の一人）との問答に一歩も引かず、最後は維摩を沈黙させてしまいます。これで文殊菩薩の勝ちと思いきや、「沈黙こそ真理だ」と言って、文殊菩薩は自分から負けを認めたのです。しかし、そもそもの目的は病気の維摩を文殊菩薩が見舞うことだったので、「沈黙こそ真理だ」と言いながら、実は相手を立てたのかもしれない、と独自解釈をしてみました。

つまり、文殊菩薩はコミュニケーションの達人である、と。そう思って真言を唱えていたからでしょうか、3年後には私はセミナー講師としてデビューし、企業や商工会議所ではコミュニケーションの研修をするようになっていました。呪文も侮れないと思ったので、他にもいろんな呪文を唱えてみました。

とくに効果があると実感したのが、他でもない「ありがとうございます」でした。 100円ショップでカウンターを購入し、1日1000回、「ありがとうございます、ありがとうございます……」とカチカチ鳴らしながら100日くらい唱えてみたりもしました。今はそんなに頻繁にはやりませんが、ちょっと調子よくないな〜、と思うときに1日でもやると回復します。

他には斎藤一人さんの**「ツイてる」**でしょうか。ここ最近は**「あめのみなかぬしさま　おたすけいただきましてありがとうございます」**もときどき唱えており、ちょっと困ったときには本当に助けられています。またこのジャンルでは、小林正観さんも忘れてはならないおひとりで、「ありがとう」を2万5000回言うと奇跡が起こると書かれており、素直に実践しました。

このような「呪文」に励んでいたのはおもに、会社を辞めて仕事も貯金もないどん底の時期のこと。呪文の効果を疑いもせず愚直に唱え続けていたのです。その結果、人生が劇的によくなったのは紛れもない事実であり、今でもちょっと調子がよくないときなど闇雲に唱えているだけですぐに調子が上向きます。思った以上に言葉には即効性があるのです。

コツ❷▼呪文の効果を最大限に高める唯一の方法

呪文を唱えるだけで人生が好転する。これは完全なる真実です。しかし、人によっては呪文の効果が薄いか、ほとんどないこともあるとしばしば耳にします。

そもそも呪文は人生の好転にきっかけを与える７％のコツにすぎず、53％の自尊心と40％の具体的な行動とがセットになって、初めて功を奏するものです。ただ、かつての私がそうだったように、まずどんな行動をすればいいのかわからない段階の人もいるでしょうし、自尊心レベルについてもすぐに上がるものではありません。

しかしご安心ください。自尊心や行動はさておき、呪文の効果を最大限に高める方法が一つだけあります。

拙著『夢がかなうとき、「なに」が起こっているのか？』（サンマーク出版）でも願いを叶える具体的な方法（秘伝）を紹介しているのですが、呪文と同様、効果の薄い人もいるようで、それはなぜかと研究したところ、一つの傾向があることがわかりました。本書には「夢は忘れた頃に叶う」と書かれてあるのに、この原理を無視して私に直接、「秘伝をやったのですが、いつ叶うのでしょうか？」と質問してくる人がいます。

「夢は忘れた頃に叶う」については、のちほどまたご説明したいと思いますが、「いつ叶うのか？」「秘伝が終了して45日たちました」などと質問、報告してくる人は、このいちばん大切な原理をおろそかにしています。

言葉の裏には必ず意図があります。意識では「いつ叶うのか？」と客観的に質問をしているつもりでも、潜在意識では「まだ叶わないのですが……」を訴えようとしています。そして実際は潜在意識のメッセージこそが強烈に実現してしまうのです。「終了して45日……」についても同様、潜在意識では「45日たつが叶っていない」を伝えようとしており、実現するのはまさに潜在意識なのです。

これは呪文に関しても全く同じです。このあとのコツで「お金を引き寄せる呪文」をご紹介しますが、セミナー等でこれをお伝えしたところ、数万円から多くて5000万円ほどの臨時収入の報告を聞く一方で、やはり「いつ叶うのですか？（＝まだ叶いませんが……）」と質問してくる人も少なくありません。そしてそう質問してくる人はまず効果がありません。

つまり「呪文の効果を最大限に高める方法」とは、結果を気にせず愚直に唱え続けることなのです。確かに収入面など急を要する人もいるでしょうが、それならば呪文以外にも、もっと真剣に行動しなければなりません。呪文の効果を気にしてしまう気持ちもわかります。そのときは「どうせ叶う」と思って気楽に唱え続けるようにしてください。

効果を気にすればするほど実現は遠のきます。「夢は忘れた頃に叶う」のですから、こんなときこそ「どうせ」を活用して、愚直に続けてみてください。繰り返しますが、忘れた頃に間違いなく叶いますから！

コツ❸▼なぜ、トイレ掃除で願いが叶うのか？

小林正観さんの本を読んでいると、しばしば、「素手でトイレ掃除をすると収入が上がる」などと書かれています。呪文と同じく、もちろん私も実践しまくりました。そして効果は抜群でした。

家のトイレはもちろん、居酒屋などのお店から、高速道路のパーキングまで、いたるところで手を突っ込みました。ある日、友だちと焼肉を食べているとき、この話になりました。そこで私は急に思いついたことをしゃべり始めました。

「素手でトイレ掃除をすると収入が増えるのだけど、さらに増やす方法を発見した。それは便器の表面だけでなく、掃除用具の届かない奥の奥まで手を突っ込んでヌルヌルを取ることなんだ！」

食べているときにそんな話をするのもなんですが、その会の人たちはノリがよかったのか盛り上がりました。しかし、その時点で言い出しっぺながら、私はまだやったことがなかったのです。

後日、いつものようにトイレの表面を素手で掃除しながら、ヌルヌルの話を思い出しました。表面に関しては慣れていたのですが、さすがに掃除用具も届かない未知のゾーンに手を突っ込むのは、バンジージャンプさながらに勇気が要りました。そして言うまでもなく挑戦しました。

トイレの奥のヌルヌルに手が触れた瞬間、パチンと何かが弾けました。それは「思考が飛ぶ音」でした。なぜ、小林正観さんはじめ多くの人が素手でトイレ掃除をすることを勧めるのかわかったのです。

人は願望のことだったり、悩みだったり、日頃からいろんなことを考えています。そうやって頭のなかがパンパンな状態だと、エネルギーが頭にばかり集中して身体にいきわたりません。「意識」は「思考（頭）」で、「潜在意識」は「身体」であると言いましたが、エネルギーが身体に充満して初めて潜在意識が活性化します。素手でトイレ掃除、とりわけヌルヌルにまで手を伸ばすと、いろいろ考えていたことが一瞬、吹っ飛びます。その瞬間、エネルギーは一気に身体（潜在意識）に流れ込み、願いが叶うのです！

「夢は忘れた頃に叶う」もこれに通じており、日々、頭のなかでいろんなことを考え、ときには願い、ときには悩んでいると、エネルギーが頭にばかり集中してオーバーヒートしそうになります。そこから例えば何かの拍子に時期が来て、それを「忘れる」と、エネルギーが身体（潜在意識）に流入して現実形成を促すのです。

【図16】

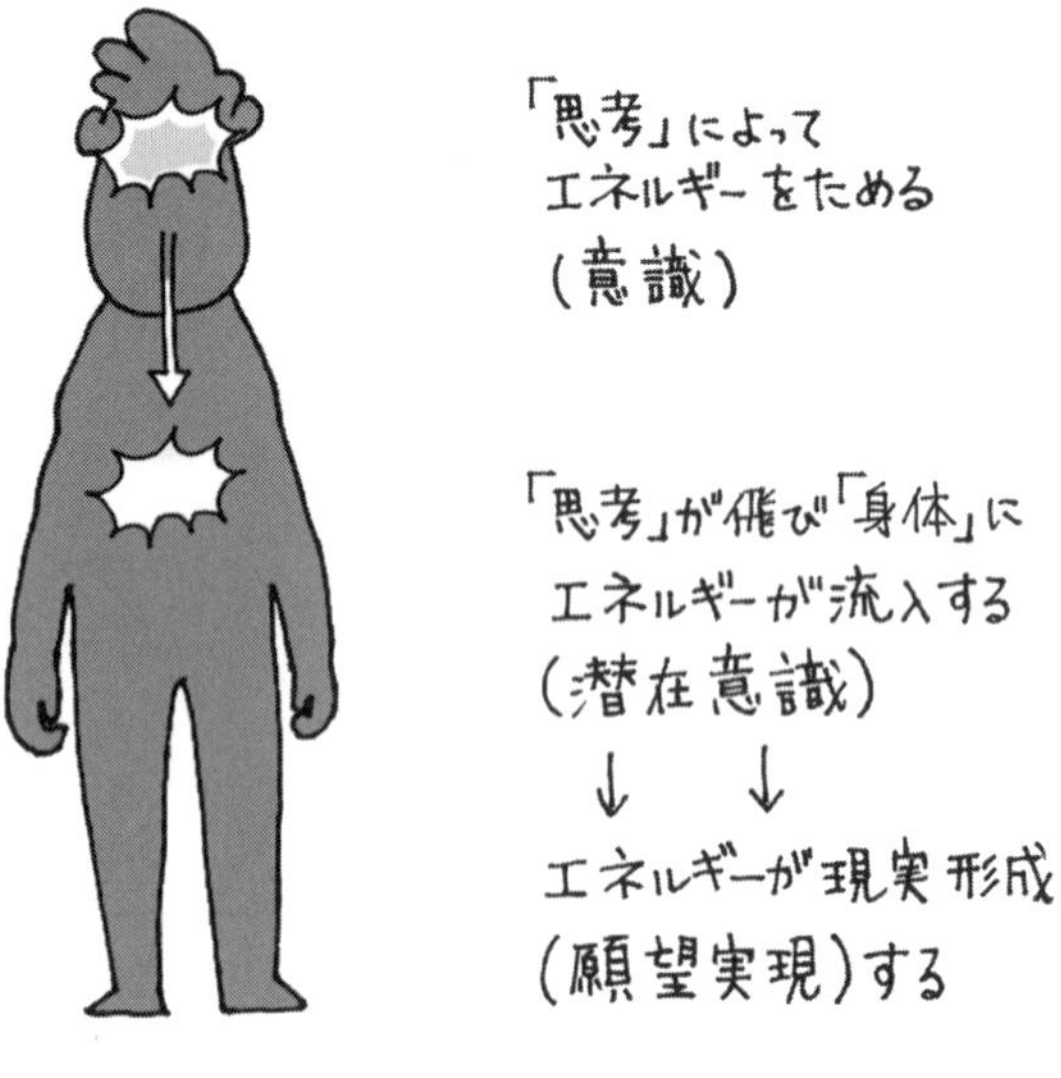

「思考」によって
エネルギーをためる
（意識）
「思考」が飛び「身体」に
エネルギーが流入する
（潜在意識）
↓ ↓
エネルギーが現実形成
（願望実現）する

コツ④▼ 1日に1回、最強のアファメーションタイムを

トイレの話を続けますと、作家やアーティストなど創造的な仕事をされている人のなかには、トイレはアイデアの宝庫だと言われる人がいます。トイレに本やノートを常に持ち込んでいる人もいます。絶対的に一人になれるプライベートな空間だけに、余計なノイズが入らずに物事に集中できる場であるからかもしれません。

ですが、トイレにはそもそも重要な目的があり、言うまでもなく「出す」ことです。前述の拙著『夢がかなうとき～』の「秘伝」においては、願いを記入する際、**息を止めて一気に願いを書き、大きく息を吐く、と説明しました。「息を吐く」ときの一瞬が、身体（潜在意識）が緩み、最も思考（意識）にある願いを受け入れやすい状態**だからです。つまり身体から何かを「出す」ときこそ、潜在意識の受け入れ態勢が整うのです。確かに緊張していると出るものも出ません。

もう一度言いますが、トイレは出す場所であり、最も潜在意識がむき出しになるところ。その「場」そのものにアンカリング（条件付け）されており、いわばパワースポットのようにインスピレーションが得られやすい状態になっているのでしょう。

田舎の家やお寺のトイレに行くと、しばしば烏枢沙摩《うすさま》明王《みょうおう》の絵や、その真言「おんくろだのううんじゃくそわか」が貼り付けられています。トイレは魔界の出入り口と言われるため、烏枢沙摩明王に炎で浄化してもらうためです。確かにトイレは不浄の場所かもしれませんが、烏枢沙摩明王のお力を借りずとも、きれいに掃除をしてアロマを設置していると、またとない癒しの空間にもなります。そのため魔界へ通じていた入り口も、天国へと進路が変更され、そこから良質な情報やアイデアが降ってくるのです。

このように、トイレという場そのものが持つ力も大きいのですが、繰り返し言うようにトイレは出す場所であり、1日に数回お世話になります。そこで取っておきのコツをお教えしましょう。それは出す瞬間に願いを「言葉」にするのです。儀式的にするなら大きいときの方が望ましいでしょう。

出す瞬間、身体が緩み、潜在意識が最も受け入れ態勢になる、そのときにアファメーションするのです。その言葉は烏枢沙摩明王の功徳もあり、天国（宇宙）につながってアカシックレコードに刻印されます。大きい方を1日に何度もする人はいるでしょうが、その日の初めてのときにぜひ実践してみてください。願ったときとそれが現実になるときのタイムラグが恐ろしいほど縮みますから。これは至って真剣なお話です。

コツ⑤▼嫌なことは左脳に担当させる

夢や願いなどよいことを思って、それが身体に入って実現するのはとても望ましいことですが、人はいつでもよいことばかり思っているわけではありません。不平不満を抱いたり、他人の悪口を言いたくなったりすることもあります。

そして残念ながら四六時中、そのようなネガティブな思いにとらわれている人は、ネガティブを現実化しやすい状況に置かれます。とりわけ、ネガティブな思いは強い感情を伴うため、潜在意識に入りやすい性質があります。しかも多くの場合、無意識に習慣的に思ってしまいます。考えたくないと思っても、出てくるのです。

そのようなときはどうすればいいのか。第4章でCランクの「無意識任せにしない」にも関係するのですが、ネガティブな言葉を口癖のように無意識に垂れ流していることをまずは自覚すること。そして左脳で合理的に考えるのです。

例えば、学生時代に同級生からちょっとしたイジメのような扱いを受けたことがあって、たびたびそのときの腹立たしく憎い気持ちが蘇ってきたり、その同級生が不幸になること願ってしまう自分がいるとします。

しかし残酷な話ですが、その願いは相手には届きません。それどころか自分自身の「憎いと思う気持ち」そのものがいつまでも自分を苦しめ、結局、自分で自分を不幸にしてしまいます。

そもそも自分はどうなりたいのか……、幸せになりたいはずです。仮に憎い相手がなんらかの不幸な目に遭ったとして、そのときは溜飲が下がるような思いにはなっても、自分自身が幸せになるとは限りません。逆に憎い相手が幸せになっているのなら、自分ももっと幸せになることを考えた方が得策ではないでしょうか？　そして最終的に自分が幸せになってしまえば、憎いと思う気持ちも薄まるわけですし、そこはとことん自己中心的に考えればいいのです。

そのように**軸を「自分」に戻し、最終的に自分に都合がよくなるよう合理的に突き詰めて考えることで、潜在意識にたまったエネルギーを意識に持っていき処理します。**トイレに素手を突っ込んだときに、思考が吹っ飛んでエネルギーが潜在意識に流れる、その逆をすればいい。**よい思いは潜**

【図 17】

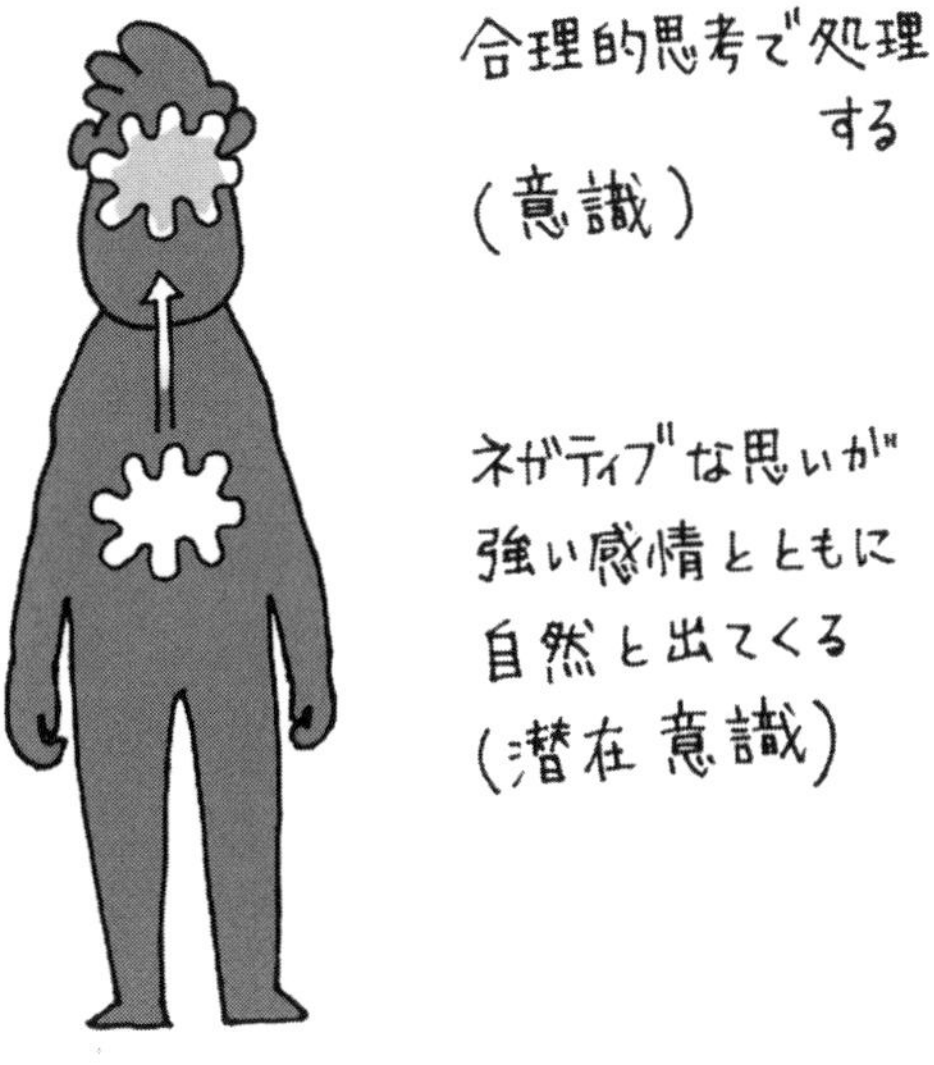

在意識に流し込み、嫌なことは「意識＝左脳」に処理させる。それでいいのです。

また、深刻なものではなく、傘を持たずに外に出て雨が降ってきたとき、電車で足を踏まれたとき、会社の上司からイヤミを言われて悔しい思いをしたとき、そんなちょっとしたネガティブな思いがよぎったときには、咄嗟に合理的思考をして「あ〜、今の嫌な気持ち、キャンセル、キャンセル！」と気持ちを切り替えればいいのです。そんな感情をずっと潜在意識にため込んでいると身体にもよくありませんから。

コツ❻▼悪口の上手な言い方

ただ、合理的思考をしてみたけれど、やっぱりなかなかそうは思えないし、かえって自分にため込んで苦しくなってしまうこともあるでしょう。確かに合理的思考で処理できないレベルのものもあるでしょうし、消化しきれず長引けば身体にも影響します。

とりわけ自己免疫性疾患などの難病、原因不明の体調不良などは、ため込んだ怒りや憎しみの感情が自分を攻撃することで発生するものだと、心理療法の世界では見立てることがあります。

そのときは、「儀式」としてネガティブな感情を外に出します。一人でも、誰かと話をしているときでもいいので、「今から悪口を言います」と宣言してから悪口を言うのです。

しばしば女友だち同士の集まりで、個人的な不満などをめいめいに言い合ったあと、スッキリして笑っている様子を見かけることがあります。私の妻は高校時代の友だち数名と定期的に集まっては、そのときどきの愚痴を言い合って（当然のことながら私に対する愚痴も妻はそこで吐き出すのですが……）、文字通り「儀式」のようにメンタルを整えているようです。それが儀式だと思えて仕方ないのは、女性同士は、自分が話すときは話すのですが、聞くときもしっかり聞いて共感しようとするからです。そんな暗黙のルールが敷かれていて、自分ばかりしゃべろうとしたり、相手の話を聞かなかったりすると、次からその儀式には呼ばれなくなります。

一方、男性になると、愚痴をこぼしても、ときには相手の話に口を挟んで議論になったりするようなケースもままあります。

女性は共感、男性は解決志向と言われる男女間の脳の違いがそうさせるのでしょう。男性の場合は普段の会話の延長にすぎないのですが、女性は共感の「儀式」を通して身体にたまったネガティブな感情を処理しているのです。男性が高いお金を払ってクラブやスナックに行くのも、まさに「儀式」を求めているからです。

このように男女間で「儀式」のあり様が違ってきますが、いずれにせよ**日常とは異なる「場」で意識的に処理すればいい**のです。ただし、それが儀式である以上、エンディングが大切です。自分一人で不平不満や悪口を言ったあとは、潜在意識に対して**「聞いてくれてありがとう、ごめんなさい、許してください」**と言うのです。その一言で傷付いた潜在意識は浄化され、そのうちにネガティブな感情まで消えて儀式をする必要はなくなります。

ちなみに女性同士の集まりでは愚痴を言い合ったあと、必ず「今日は聞いてくれてありがとう」と言い、男性がスナック等に行ったときも支払いをしながら「ありがとう、また来るよ」と言って儀式のエンディングを図るわけです。

とにかくいちばんよくないのは垂れ流しです。**無意識に任せっぱなしでいるのではなく、「意識」できちんと処理すればネガティブな感情もいずれは消えていきます。**

コツ⑦▼ つい言いがちな、願望実現を妨げる３つの言葉

不平不満や悪口ほどではないにせよ、会話の端々でつい言いがちな、知らず知らずのうちに願望実現を妨げてしまう言葉があります。それは、言っている当の本人も気付かないことがほとんどなので、再び「意識」してみましょう。

その代表例をあげると、

「でも」「どうせ」「とりあえず」

の3つです。会話をしているときに、「でも〜」「どうせ〜」「とりあえず〜」を使っていたら要注意です。

「でも〜」というのは、相手の意見に対して反論する言葉。自分の正しさこそが正解と思っているので、相手の意見を受け入れようとしません。しかし、願望実現のためには、他人からの新しい概念を受け入れたり、今までにないアイデアや考えを取り入れることが欠かせません。自分だけの考えでは行き詰まるからです。

「でも〜」という言葉を言い続けるということは、「自分の考えを直す気はないよ」とアピールしているようなもの。そんな無意識のメッセージがあるままでは、願いを叶えることは難しいでしょう。

「でも〜」と言う癖がある人は、まず言わないように気を付けること。どうしても言いたいときは、次のように言い換えてみてください。

「でも、もう歳だから結婚相手は見つからない」
⬇「歳を重ねたからこそ、素敵な結婚相手に巡り合える」

「でも、本音を言ったら相手に悪いし……」
⬇「本音を伝えるからこそ、相手へ誠意が伝わる」

このように、「でも」を言わないよう心がけることで、潜在意識に刻み込まれる情報が変わってきます。

では、「どうせ」が口癖の人はどうするか？　「どうせ」の使い方については、これまでも何度か出てきましたので、軽く復習してみましょう。「どうせ」のあとには、たいてい否定的な言葉が来ると決まっています。「どうせ」を多用する人は、自分への肯定感、自尊心が低い人です。自分を卑下しているので、どうせ～できない、という無意識のパターンがあり、それが言葉として出ているのです。

「どうせ、誰も相手にしてくれないし」
「どうせ、モテないし」
「どうせ、自由にならないし」

そこで、「どうせ」のあとに、あえてポジティブな言葉を使う。私が多用しているのは、「どうせよくなる」で、聞きなれないと一瞬戸惑いますが、この戸惑いがいいのです。潜在意識を攪乱《かくらん》して「よくなる」をサクッとインプットできるのですから。

最後に「とりあえず」についてですが、「とりあえず、ビールにしよう」「とりあえず、練習しておこう」「とりあえず、この仕事をしておこう」というふうに、なんでも「とりあえず」をつけてはいないでしょうか？

「とりあえず」という言葉には、とくにネガティブな印象はありませんが、なぜこの言葉が願望実現を妨げるのかと言うと、「とりあえず」という言葉には「なんとなくこれをやっておけばいいか」というあいまいなニュアンスがあり、次の行動につながらないからです。

私は、ブログのなかで「とりあえず」を使うときは、そう言っても支障のないときだけで、意識的に使わないようにしています。

その代わりに「まずは～」と言い換えます。「まずは、この仕事から片付けよう」「まずは身体を動かそう」「まずはこのアファメーションを言おう」。

どうですか？

次につながる感じがしませんか？「まずは」のあとは「次は」がありますよね。こうして言語化されることで、人生はぐんと変わってくるのです。

セミナーに参加されたある女性から「彼氏ができなくて、このままお一人さまかと思うと不安……」と相談されました。その方は、初対面の人と話すことが苦手で、友だちの紹介なども全部断ってきたそうです。しかし、新しい出会いがないことには、彼氏も見つかりません。そこで、彼女は心を入れ替え、

「とりあえず、友だちの誘いを断らないようにする」

と言いました。でも、これだと次の行動が見えません。そこで、

「まずは、友だちの誘いを断らないようにする」

と言い直してもらったところ、そのあとには、趣味で続けているランニングのサークルに入ったりなど、人と関わることが多くなってきたと報告がありました。


こんなふうに、自分の口癖を自覚して、意識的にでも変えていく。このことを徹底すると、変化することを潜在意識が容認するようになります。

コツ❽▼まずは「お金」を引き寄せてみよう！【その1】

さて、ここからはもう少し具体的なコツをご紹介しましょう。まずはやっぱりお金

です。結論から言うと、お金を引き寄せるのはめちゃくちゃ簡単です。もちろん自尊心レベルも無関係ではないのですが、今からご紹介する方法で数万円から、多い人で５００万円くらいの臨時収入を引き寄せました。私も１か月ほどで５００万円近く引き寄せることに成功しています。

お金を引き寄せるメソッドはたくさんありますが、めちゃくちゃ簡単なのを２つほどご紹介しましょう。ではいきます。

1 欲しい金額を明らかにする

欲しい金額と言っても、いきなり1億円とかは遠慮しておきましょう。だからと言って今日のランチ代の８００円なども面白味がありません。そうですね、これは実験でもあるので私の方で決めさせていただきましょう。あなたの自尊心レベルから導きだします。

・Aランク：200万円
・Bランク：50万円
・Cランク：10万円
・Dランク：5万円

最初は欲張らずに控え目にスタートしましょう。それぞれ引き寄せることに成功したら、次は2割増しくらいにして、再度チャレンジしてみましょう。

2 次のアファメーションを覚える

「なぜかわからないけど○○万円が手に入りました」

3 初日は15分間ひたすら唱える

誰にも邪魔されない場所で一人になって、15分間のタイマーをセットして、「なぜかわからないけど○○万円が手に入りました、なぜかわからないけど○○万円が手に入りました、なぜかわからないけど○○万円が手に入りました、なぜかわからないけど○○万円が手に入りました、なぜかわからないけど○○万円が手に入りました、なぜかわからないけど○○万円が手に入りました……」とひたすら唱え続けます。あなたの言いやすいスピードで回数も関係ありません。ただ15分間、ひたすら唱えます。

4 翌日からは1日1回程度唱える

翌日からは1日1回程度で大丈夫です。「程度」と言ったのは、2回でも3回でも気にする必要はないということ。時間も場所も自由。ただし、決めないでください。例えば「朝一番のトイレの時間に唱えよう」とはしないでください。

ここでの**狙いは「無意識化＝口癖化」することですので、決めてしまうと「意識」にとどまってしまい効果が薄れてしまう**からです。決めてしまわないと意外と難しいのですが、24時間以内にどこかで1回程度唱えておきます。24時間以内を忘れてしまっても大丈夫です。3日も4日も空くとやり直しになりますが、1日くらい忘れても問題ない、くらいに適当な気持ちで続けてください。

5 手にするまで、または100日まで続ける

初日15分間、翌日から1日1回程度。これは実際に希望の金額を手にするまで、または100日目まで続けてみてください。平均すると2~6週間ぐらいで手に入っているようです。

6 いつ入ってくるのか気にしない（石田に聞かない（笑））

「コツ2：呪文の効果を最大限に高める唯一の方法」（239頁）をもう一度お読みください。

一応、このコツの理屈をお話ししておきましょう。**潜在意識は一度の「強烈な体験（インパクト）」か「習慣（繰り返し）」、またはその両方によって情報が浸透するよう**

になっています。

例えば牡蠣を食べて運悪くあたってしまうと、それ以来、牡蠣を見ただけで食中毒の苦しさが蘇り、受け付けなくなってしまいます。それが**インパクト**です。逆に、納豆が嫌いな人が高校で寮生活をするようになったとして、そこで週に数回、朝食に納豆が出てくるとします。苦手とは言うものの、食べ盛りでご飯をたくさん食べたいがために、無理やり納豆を押し込んでいたら、そのうち大好きになった。それが**繰り返し**です。

そこでこの「お金」のコツですが、**初日の15分間が「インパクト」**で、**翌日からの1日1回が「繰り返し」**となります。なぜ、これでインプットされるのか。潜在意識は変化を嫌うのですが、「○○万円」の臨時収入はまさに変化であるため、普通は潜在意識から拒否されます。

そこで初日15分間、「○○万円」を弾丸のように連続して唱えると、潜在意識は最初ビックリするのですが、そのうちにガードをし始めます。それが**だいたい15分後**なのです。そして翌日、「○○万円」と1発だけ弾を打ちますと、潜在意識はその1発は食らうのですが、前日の学習がありますので、すぐにガードを上げてきます。ですが、その日はそれで終わり。翌日も同様に1発だけ的中。その繰り返しによって、**潜在意識は弾丸（○○万円）を受けるのが快感となり**、その金額を見事に受け入れてしまうのです。嫌いな納豆が大好きになったように、「○○万円」が大好きになり、平均2〜6週間くらいで「5〜200万円」くらいならすぐに引き寄せられるわけです。

また、お金がいつ入ってくるのか気にしないのも重要ですが、「どのような手段で入ってくるか」も気にしてはいけません。**なぜかわからないけど**入ってくるのです。仕事のボーナスかもしれない、ご祝儀かもしれない、お財布を拾って持ち主から1割もらうかもしれない、または持ち主が現れないかもしれない、株や為替がうまいこと動いて収益を得るかもしれない、または想像もつかないような経路からやってくるかもしれない。

とにかく気にしない。初日のあとは1日1回、無意識で出てくるようになったら、ほぼ完成です。

コツ❾▼ まずは「お金」を引き寄せてみよう！【その2】

２つ目は非常に強烈です。それでいて手順は極めてシンプル。

❶次のアファメーションを覚える

「やった～！　１００万円が手に入ったぞ～！」

❷次のようにする

「目」を大きく見開いて、「腹」に力を込めて、そのアファメーションを思いっ切り「大声」で叫ぶ。

以上となります。ここでは「100万円」で統一しましょう。と言うのも、ブログ等でこの方法をご紹介したところ、大変な反響があり、本当に100万円の臨時収入を手にした人が、あり得ない人数、連続したのです。

簡単に説明します。とにかくこれはインパクトです。桑田真澄選手がグランドキャニオンで覚醒したような、もしくは私がインドのラダックで悟りを開いたような、いわゆる**「ヌミノース」の現象を起こして、潜在意識の奥底の集合的無意識に直結させる**のです。

真言密教が「身口意」、つまり「身＝印」「口＝真言」「意＝思念」により、仏と一体化して悟りを開くように、「身＝腹」「口＝声」「意＝目」の三位一体で「あの世」の次元に突入し、一種の呪術的なエネルギーによってお金を引き寄せるのです。

効果は早くて10秒後から即日、遅くとも数週間以内にやってきます。ただし、1回やったあとは3か月間は間を置くこと。まだお金がやってこないと気にしたり、問いかけたりしたら効果はゼロ。集合的無意識が働いていることを信じて気にせず待ちましょう。

コツ⓾▼瞑想は15分以上してはならない！

「コツ❽」で欲しい金額を初日15分間、ひたすら唱えるよう言いましたが、この「15分間」という数字自体がとても深い意味を持ちます。まず**15分間は普通の人が一つのことに集中できるギリギリの時間**です。それ以上になると、雑念が入るなど、アファメーションの効果が低減し始めます。

ここでの**「雑念が入る」とはまさに潜在意識が抵抗し始めた合図**で、例えば「○○万円」なる新たな情報に対して壁をつくり始めるのです。なので、最初のアファメーションは15分は必要ですが、それ以上はやる必要もありません。

同様のことが「瞑想」にも言えます。結論から言うと、日々の瞑想は実践してください。瞑想とはいわば脳内のデフラグであって、様々な思考を適度に削除したり、整理整頓したりするのに効果的。私自身、執筆や仕事に煮詰まったときには必ず瞑想をして新たな着想を得るようにしています。脳内に隙間がないと新たなアイデアも入ってこないのです。

ただし、アファメーションと同様、15分以上はする必要はありません。その理由の一つは、慣れないうちは雑念が入り込み、せっかく思考を整理しているのに、新たな思考が上書きされて混乱することがあるから。

もう一つは特殊な例かもしれませんが、瞑想を長時間続けていると脳内から出てくるドーパミンやセロトニンなど、いわゆる「幸せホルモン」により、文字通り幸せな気持ちが訪れてくること。それはそれで瞑想の一つの効用であり、目的であることは間違いないのですが、願望実現という観点からはさほど意味はありません。

もちろん自ら「幸せホルモン」をコントロールできるほどになるには、鍛錬として瞑想をある程度極める必要があり、スポーツと同じく適切な指導者の元で、決められたプログラムでおこなうことになります。ですので、自己流で瞑想をする限りにおいては、「幸せホルモン」のコントロールには限界があり、その意味でも目的はあくまで願望実現に置く方が適切です。

しばしば長時間の瞑想やアファメーションを勧めるような指導者の方がいらっしゃいますが、**目標達成、願望実現を目的とする限り、15分以上は全く意味がありません。**

以前、朝の6時から夕方の6時まで12時間、般若心経を唱え続けましたと知人より報告をいただいたのですが、それこそ弘法大師空海のような特殊な修行目的でない限り、全く意味がありません。12時間も読経やアファメーション、瞑想などをする時間があるなら、本の1冊でも読んだ方が実りある1日が送れます。

繰り返しますが、願望実現において瞑想は必要ですが、あくまで思考の整理整頓を目的として15分で切り上げるようにしてください。なお、瞑想の方法は自己流でもかまいません。横になると寝落ちする可能性が高まるので、座った状態であることが望ましいですが、ただ、目を瞑る、または半分開いた状態で（半眼）、ただ、ボーッとしているだけで十分に効果があります。

コツ⓫▼スマホを使って願いを叶える方法

願望実現のコツとしては唱えたり、書いたり、いろんな方法がありますが、「見る」こともかなり効果的です。いわゆるビジョンボードとして知られていますが、自分の夢となる写真やイラストをコルクボード等に貼り付けて、部屋に飾っておくなどの手法がそうですね。ただ、今はボードだけでなく、スマホの待ち受け画面なども大いに活用できます。

それこそビジョンボードをつくって、撮影して待受けにしてもいいと思いますが、ここではもう一歩踏み込んで、**潜在意識の抵抗をやわらげながら自然と叶う方法**をお伝えします。

それは自分で描く方法です。

このワークでは、縦長の枠内に、自分の夢が実現している状況を鉛筆で描きます。色を塗ってもかまいません。絵が上手い下手は関係ありません。誰に見せるわけでもないので、自分がわかればＯＫです。

２００６年12月、あるセミナーに参加して、このワークを実際に試してみました。そのとき描いたのは、大勢の前で何やら話をしている姿。会場にはテーブルを囲んで多くの人がおり、後ろには「本」が積み上げられています。その頃は本を出すなんて夢のまた夢でしたが、ブログで文章を書くことは好きですし、できたらいいな～レベルで描いてみました。

私自身、さほど物欲もないようで、車やブランドにも興味はありません。旅行も今さら感もあり。となると、文章を書く延長として出版くらいしか思い浮かばなかったのでしょう。

絵も字もおそろしく下手すぎて恥ずかしいのですが、「こんなレベルでもいい」と気楽に考える材料になれば嬉しいです。描いたのは「２００６年12月８日」で、「石田久二先生出版記念パーティ」となっているのは、今のような「セミナー」という概念もなかったからでしょう。下段に書かれた文字は演説の言葉のようです。

2006.12.8.

私の10年後

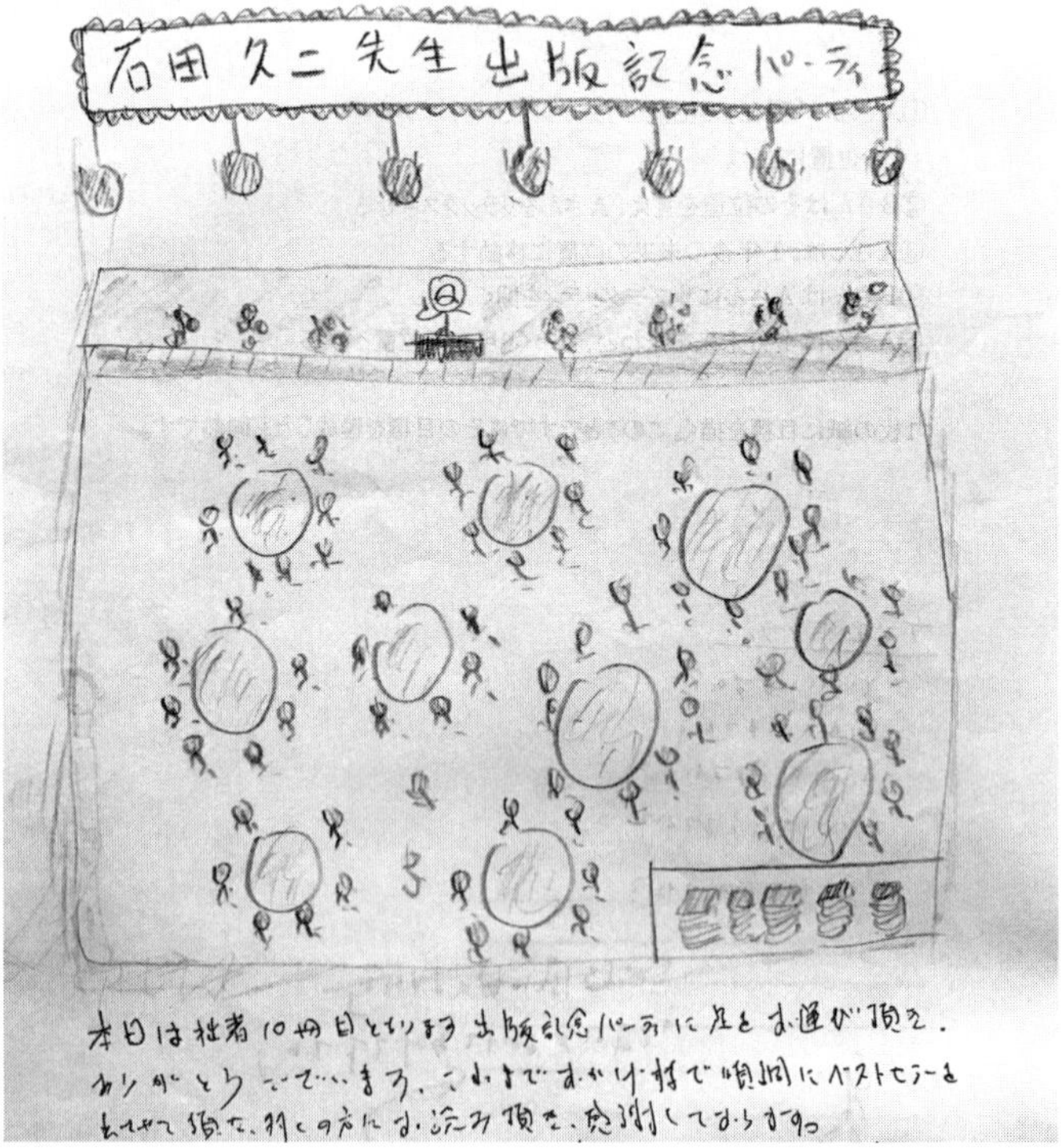
石田久二先生出版記念パーティ
本日は拙著10冊目となります出版記念パーティに足をお運び頂き、ありがとうございます。これまでおかげ様で順調にベストセラーを出させて頂き、多くの方にお読み頂き、感謝しております。

あれからちょうど10年がたち、著書は合計６冊、累計10万部を超えています。また、台湾、韓国、中国など海外でも翻訳されました。出版記念の講演は何度もやりました。そしてこれを書いたちょうど10年後の「２０１６年12月８日」はと言うと、その２日後の１０００人会場での講演の呼びかけのため、新宿西口駅のいちばん人通りの多い場所で街頭演説をしていました。先日、本書を執筆するために押し入れからこの絵を引っ張り出して見たとき、背筋が寒くなりました。こんな形で実現するとは……。

このワークは私のセミナーでも多くの方に実践していただいたのですが、大なり小なり多くの方が願いを叶えています。**自分で描いた絵は、写真や既存のイラストとは違って、自分の「身体（手）＝潜在意識」を使って、いわば潜在意識のなかから探し出したものなので抵抗がありません**。もちろんいつ叶うかはわかりません。私の場合はこれを描いた3年後に出版しましたが、あまり短期スパンでない方がいいです。いつか宇宙から思わぬサプライズがやってくることを期待して、忘れてしまう方がいいでしょう。すると間違いなく叶います。

では、簡単ですが手順を説明します。

1 A4の用紙に色鉛筆を使って夢を描く

なるべく突拍子もない夢の方がいいでしょう。今にして思うと「出版」はかなり小さくおさまってしまっていたけれど、いっそのこと「宇宙に行く」とか「世界200か国に行く」とか「家族と海外の豪邸に住む」とか「歌手でデビューした」とか「ハリウッド映画に出演した」とか、今の自分を突き破るような夢がいいでしょう。どんなに突飛なものでも、それを自分で描いているのなら、既存の写真などよりはるかに潜在意識に届きます。蛇足ですが色鉛筆でなくマジックでも絵具でもかまいません。

2 スマートフォンで写メにとり、それを待受けにする

説明の必要はないと思いますが、スマホを持っていない人は普通の携帯電話、それも持っていない、または使いたくない人は写真にとってプリントして手帳などに貼り付けるなど工夫をしてください。

❸ 100日程度、待受けにする

自分の描いた絵を待ち受けにすると、最初は違和感が出てきます。でも、毎日スマホを使うたびに見ていると、違和感が消えてきて、普通に受け入れられるようになって来るはずです。そうなったら、**潜在意識の抵抗がなくなった証拠**。

そして、重要なのは、１００日たったら消して忘れることです。「そう言えば、何か描いていたな？」と思い出し、その絵を見てみると、全部とは言わなくてもだいたいは叶っていたり、その方向に進んでいたりします。万一叶っていなくても心配ありません。そのうち叶います。どうせ叶います。宇宙に行くのは30年後かもしれませんが、いつか叶うに決まっていますので、気楽な気持ちで待っていてください。

コツ⑫▼人生は甘いんだ！

とにかく、潜在意識に入っていることはすべて叶います。そう考えると、私は「人生って甘いな」って本気で思っています。だって、思ったことはたいてい実現するのですよ。

そのようなことを言うと、「それはQさんだからでしょ！　私は違うんです」と反論されるかもしれません。そこはもちろん自尊心のレベルもあるのでしょうが、「人生は甘い」と言われて、それを否定する理由ってあるでしょうか？　「人生は甘くない」と考える合理的な理由って存在するでしょうか？

最後のコツはそう、「人生は甘いんだ！」を受け入れること。「人生舐めんなよ」とか言う人もいますけど、その人の人生は辛いかもしれませんが、私やあなたの人生は甘いも甘いも大甘なので、舐めるしかないんですよ。

なので、マカロンとかタルトとかどら焼きとか食べることがあったら、「あま〜い！まるで私（オレ）の人生のように！」って言いましょう。すると口から身体全体（潜在意識）にその甘さが広がり、文字通り、あなたの人生は大甘になりますので、舐めきって、思ったことをどんどん叶えましょう！

以上、もちろんコツはこれだけではなく、まだまだ無数にあります。そのなかでも、重要で、楽しく、簡単で、効果の高いコツを12個、チョイスしてご紹介しました。

「言葉」だけが人生を変える。これは事実ではありますが、「言葉」の効果を高めるのは「感覚」です。第1章で「認識＝感覚＋言葉」と定義したように、人生を設計する上で言葉と同様に感覚がとても重視されます。そこでどんな感覚が大切なのか。

それは言うまでもなく**「楽しい！」という感覚**です。12番目の「人生は甘いんだ！」をセミナー等でご紹介したとき、一部には驚きの声が上がりました。これまで人生とは辛く苦しく修行のようなものだと思っていた。「人生舐めるな！　甘くないんだ！」と言われて過ごしてきた。なのに「人生は甘い」と断言する人に初めて会ったと言うのです。

確かにお釈迦様も「この世は苦である」と言いますが、それも要は「喜びを知るための苦」だったりするわけで、この宇宙は本来的に楽しく笑えるものなのです。

以前、私の滝行の導師（天台修験）がふと言われた言葉が印象的でした。

「昔は厳しくストイックに勤しむことが『行』だと思って指導してきたけど、どうも時代が変わってきたようなんだよなぁ。楽しくしていた方が、悟りに近づきやすいみたいなんだなぁ」

昔のことはよくわかりませんが、「厳しい」より「楽しい」方が、悟りに近いという意見には激しく共感します。きっとそうなのでしょう。

なので、最後にご紹介したコツの数々も、ぜひとも楽しく実践してみてください。呪文を唱えるのも、トイレに手を突っ込むのも、用を足しながら願いを言うのも、深く考えずに楽しくやってみてください。

ふざけてるのか！　けしからん！　なんて言わずに、その通りふざけながらやって欲しいものです。もちろん「やらなければならない」なんてことはなく、楽しそうだな～、と思うことからやって、その上でさらに、あなた自身が聞いたり開発したりした新たなコツがあれば、ぜひ私にも教えてください。

人生は喜びに満ちている。甘く、楽しいものなのです。

リラックスして、ヘラヘラ生きていこうじゃありませんか！

そんな感じで「言葉」を発したら、それがそのままあなたの「人生」になるのですから！

【巻末対談　スピリチュアルと願望実現】
石田久二✚小田実紀（Clover出版編集部）

石田：小田さんが育てた「第二次引き寄せブーム」で画期的だったのが、それまで「ビジョンボードを作りましょう」とか、「イメージングしましょう」という、割と力業（ちからわざ）で引き寄せの話をしていたのが、「いい気分を選択しましょう」というところに行き着いたことだと思うんです。そこから一気に広がっていって、いろいろな人が引き寄せの話をし始めたわけじゃないですか。「いい気分を選択する」という概念が急速に浸透していった。

小田：奥平亜美衣さんの「『引き寄せ』の教科書」ですね。

石田：いい気分を選択すると、いい現実が引き寄せられるというのは、今聞けば腑に落ちるけれども、意外とそういうことが伝わっていなかったというか、これまで後回しにされていましたものね。

小田：僕自身は「引き寄せ」もスピリチュアルもなんのことかよくわかってなかったんです（笑）。そうそう、そのころ読んだ本「宇宙に上手にお願いする法」（サンマーク出版）に、「願望をメモに書いて、どこかに置いておく。それが忘れたころに叶う」というのがあって。それも本当に理解できなかった。「んなわけねーだろ！って（笑）」。でも、今になると、結局は「それが欲しいんだけど、欲しいと思わなくなった時、叶うんだ」ということだとわかる。「欲しい」が強すぎる時点で力が入っちゃう。

石田：そうですよね。いや、実際そうです。「欲しい」と思うということは、要はそれを持っていないということを確認する作業になりますから。

小田：突然ですが、「ストリートファイターⅡ」の昇龍拳知っていますか？　大昔のゲームですが、あれは画期的だったんです。それまでの概念だと、ファミコンのコントローラーは、右を押したら右にキャラが動く……というのが当然の前提でした。で、ジャンプを押したらジャンプする。それも当然。昇龍拳が画期的だったのは、全く動作と関係のないコマンドを入力することで特殊な動きが起きるんです。

石田：よく知らないのですが、それと引き寄せと、どう関係があるんですか？

小田：今までは、キャラクターを右に動かしたいから右を押していた。「欲しい」とき「欲しい」を押していた。

石田：ああ、なるほど。

小田：そうじゃなくて、自分が一番いい状態というか、一番いい循環を作れるコマンドを押していれば、それが発生する、つまり望みが叶う。そういうことを、引き寄せは教えてくれたんですね。

石田：ただ、実際やるとなると具体的にどうしたらいいか、分かりづらい部分がないですか？

小田：もう覚えるしかないですよね。その覚える作業は、やっぱり最初は戦いなんです。奥平さんもよく「最初は戦い」と書いていました。ここからは持論ですが、自分の自我を越えるための戦いはやっぱり必要なんです。自我の、自分の生まれてから染みついた価値観、自分が今まで正しいと思っていたものをいかに越えていくかということ。例えば、「現実は厳しいんだ」「仕事は頑張らなきゃいけない」という価値観を持っているとします。自分が仕事を頑張ってきたから、それを否定するのはすごく難しいじゃないですか。けれどもそれを乗り越えて、「いや、楽しくやってもうまくいくんだ」というふうに脳が入れ替わっていくには、最短でも三週間かかると言います。でも体験上、普通の人はもっと時間がかかる、その間は戦い。それはコマンドを覚えるときみたいなものなんです。自分を気分よく保つというコマンドです。

石田：なるほど。じゃあ、その「ストリートファイターⅡ」と引き寄せというのは、意外と親和性がある？

小田：最初はこの戦いの部分は避けられないかと。とくに義憤が強い人、正義感が強い人など、現実をシビアに戦いとして見ているという人。まあ僕もそうだったんですけれども……。そういう人がそれを乗り越えて、自分の心地いい状態にとどまって安心できるまでは、相当戦いの時間が要ります。一つの引き寄せができて、次の引き寄せを呼んでくる。結局それが最終的に、「どうせうまくいく」と思えるところまで連鎖していく過程につながるんですね。

石田：「実験」と言う人もいますよね。「いい気分」をストイックに選択していくと、どれだけ良い現実が引き寄せられるのかの実験。そうやって、いわゆる一つの真理につながった瞬間に、最終的に「どうせよくなるし、何とかなるんだ」というところに辿り着く。そのとき現実を動かすことすら本当に軽くなる。現実が本当に変わってくるという実感が湧きはじめるんです。ところで、紙に書いたメモを忘れたら叶うというのは、本は知らなかったんですけれど、実は、僕もうやっているんです。願いを紙に書くじゃないですか。それがなくなる。いや、どこかに存在しているのかもしれないですけど、本当にもう無いかもしれない。で、どこに行っているかといったら、5次元に行っていると思うんです。

小田：お、面白い。

石田：例えば「月収いくらになる」「幸せなパートナーを見つける」とか紙に書くじゃないですか。で、その紙がなくなる。あるはずだったのに、なぜかなくなっているというのは、要はこういうこと。5次元というのはパラレルワールドで、願いが叶った状態の3次元に移るとき、元いた3次元にその紙を置いてきちゃったということなんです。昔から、神隠しとかありますよね。3次元的には、どこかにあるのかもしれないし、存在しているのかもしれないけれども、実は本当にないんじゃないかと考えることもあるんです。この話は、結構僕はいろんなところでちょこちょこ話していますが、すごく勇気づけられると言われます。自分は自分なんだけれども、今とは違う世界の自分というのが、この宇宙のどこかには存在しているという。

小田：簡単に言うと、潜在意識の例えによくある氷山の水面の上から、願いが水中（潜在意識）に落ちた時点、いわゆる顕在意識としては忘れた時点で、それが水中の集合意識のなかで誰かが受け取っているかもしれないということですね。

石田：普通に考えるとその通りなんですが、僕はちょっとスピ的に考えることもあって、「願いを書いた紙がある3次元」と「書いた紙がなくなった3次元」が5次元に併存してるんです。そしてその後者がまさに「願いが叶った世界」じゃないかと。

小田：なるほど、量子力学の「シュレディンガーの猫」みたいですね。箱の中に生きた猫と死んだ猫が併存しているように、願いが叶った世界と叶ってない世界が常に同時に存在していて、何かの瞬間にどちらかに決まると。

石田：まさにそうなんですが、僕はその話はかなりリアルに考えてるんです。例えば「月収100万円！」と願った瞬間、この宇宙に何らかの影響を与えてしまって、その時点で月収100万円の自分とそうでない自分が併存することになる。まさにパラレルワールド。でもそこで「やっぱり無理だよな」と思った瞬間に無理な世界が現実になる。ということは、できると思えば月収100万円は現実になるわけで、本書で書いた5次元人っていうのは、まさにそんな感じなのかと。「いける」と思うことしか願わない。

小田：ところで先ほど、顕在意識の話がでましたが、氷山の上のこの現実社会、つまり自我を形成する世界は、他人も存在する世界じゃないですか。簡単に言うと、自分もいて他人もいる。そうすると、他人との比べ合いが始まるわけです。で、それは、ほとんど人間の苦しみの部分につながっていく。どうやってそれを、超克できるのかというのは、願望実現においても生き方においても、普遍の課題だと思うんです。

石田：氷山の下の水中部分、つまり集合意識では一つだけれど、上の部分では他人との区別がありますもんね。

小田：形ある存在である以上、やっぱり完全に自由な存在とは言い切れない。他人までも自分の自由にすることはできないし、そこが限界だと思うんですよね。そこで他人と比べ合うというのを、本当に脱することができるのかというのが、この願望実現や、望む人生を生きるための、最初の課題でもあるように思います。現実に生きる人間が、ある程度は「人と比べ合う、ちょっとした苦み」みたいなものを常に抱えていていいのか、それともそこも突き抜けるべきなのかというところが、このジャンルの本の現実的テーマだな、と最近思うんです。

石田：まあ、我々はあくまでも3次元人ですからね。

小田：でも、たぶん女性がこの話を聞いたら、自分一人で普通に幸せになれるし、人生をうまく回せるよ！　と言う人もいると思うんです。けれども、男性がそういうところに行けるかな…と考えると、何となく僕は微妙な気がしています。

石田：今言った話で受け取ると、「何とかなる」と思っているのは、圧倒的に女性な気がしますね。その「何とかなる」というマインドで物事をやっていると、このリアルな世界でも、強いのかなという気はします。

小田：そうですよね。男性・女性というのは、それが、右脳的か、左脳的かということじゃないんじゃないかなと思い始めていて。

石田：ないですね。

小田：何て言えばいいのか。僕は女性になったことがないからわからないんですけど、やっぱり「一にして完全」なところを、何となく女性は抱え持っていると思うんですよね。例えば、子どもを産むこと。もちろん男性がいなければ成り立たないですけど、一応、物理的には、自分一つの身体の中で、一つの「生」が生まれるという、完結した連鎖というか輪廻を抱え持っています。イメージに例えると、円というか一つの球体のように、いわゆる欠けるところのない完結性があって、それだけで自転できるんです。でも男性だと、もうちょっと、デコボコがあるイメージ。歯車ですよね。他人と噛み合って磨かれていく価値観とでも言えばいいか…。

石田：女性はどちらかと言うと、自分と他人とを区別する意識が男性と比べるとあまりないのかもしれませんね。実際、共感力も強いですし。男性はオレがオレがって意識で生きている人も多いし。

小田：男性がこういうスピリチュアルみたいなものに取り組むとき、聖書や芸術でもそうですけれども、ファンタジーというか、いわゆる寓話を上手に活用すればいいと思うんです。本書の5次元の話もそれが事実かどうかが重要ではなく、そのアイデアをどう、願望実現に活用するかだと思います。僕は血液型占いが好きなんですけど、星座占いに敏感に反応するのは女性だけだと思っているんです。僕ら男性は、星座にはあまりビビッとこない。女性と比べて、感じることができない部分があって、それを補完するための論理的なファンタジーが要るわけです。

石田：星読みや星占いの周辺は、女性ばかりですもんね。

小田：そうなんです。このあたりは僕もまだまだわからないのですが、星、宇宙から来ている波動は、僕ら男性は受け取れていないんです。

石田：ただ、僕はそういうことはあまり勉強していないんだけれども、例えば、「コズミックダイアリー」だとか、占星術をやっていて、僕の行動を分析する人が時々いるんです。すると、月とか星の動きに調和していると言われることが結構あります。だから僕は、無意識にそれをやっているのかもしれないですね。

小田：いわゆる月の波動だとか、宇宙が愛で満ちているということが、本当に実感できて腑に落とせる。それは、完全なるものが完全なものを、「一にして完全」なものが「一にして完全」なものを、「受け取れる」世界なんです。つまり女性性の能力だと思うんです。男性だと、違う方法――いい気分でいたり、ファンタジーを活用したりして高めた波動が、それと近い状態なのかなと思います。僕は結構、男性と女性を分けて考えてしまうんです。こう考えてみると、男性にとっても「いい気分でいる」というアイデアを授かったのは、相当重要だったなと思います。今も僕が夢中なくらいですから。

石田：そこに戻りましたね。僕も以前は男性も女性も、引き寄せ方は同じだと思っていたんです。だけど、本書にも書いたのですが、どちらかと言うと、男性は背水の陣みたいな状況で潜在能力を発揮するのに対して、女性はもっとゆったりした気分の方が成功しやすい。その違いはあるのだけれど、社会が成熟して豊かになるにつれ、一周まわって男性にも「いい気分でいる」ことの大切さが受け入れられるようになったのかな。

小田：Qさんも言われてましたが、「絶対選ばないものを自動販売機で選んでみる」というのがありましたよね。最近それ、よくわかります。

石田：メニューで見たことがないやつを、あえて選んでみるとかね。

小田：あえて選んでみる。なぜ、そんなことをするかというと、自分で固着させてしまった自我を超えるために、想定外なことをするわけですね。すると、それは自我からはみ出るので、新しい気付きのきっかけになる。それと似たものに、直感の正しさというか、何かを判断するときに、計算するのではなく、直観で選ぶと間違えないとも感じています。

石田：人によるとも思うけど、男性の方が「いつもの」を選ぶことが多いのに対し、女性は好奇心旺盛でいろいろなもの食べたがる気がする。本書にも出てくるエチオピアの「インジェラ」の話を講演でしたとき、女性の方が圧倒的に食いつきよくて、実際に食べに一緒に行ったのも女性が多かった。女性の方が自我を超えやすいってことなのかな？

小田：僕は本のタイトルを考えたり、これからどうしようかと考えるとき、考えすぎたら失敗すると思っています。かといって僕の場合、フッと降りてくる勘もない。判断のとき、「こっちのほうがこうだから」と、左脳的・現実的判断が出てきた時点で、それは「間違い」だと思うようにすると、割とうまくいくような気がします。自我がそれこそ「我が強く」なりすぎないようにする。その方が気分良くいられるというか。

石田：小田さんもかなりスピな人になっていって、自我を超えつつあるのかも（笑）。ただ、それっていわゆる一般的な人たちの理解を超えちゃって、訳がわかんなくなる可能性はありますね。直感的で理由のないところなわけだから。そこで今回の本は、そこにどういうふうに貢献しそうな感じですかね？

小田：やはり基本的には、僕らは自我、いわゆる、自分を愛することは、基本的に捨てられないわけですよね。今までやってきたことだとか、自分が生きてきた価値観を一気に捨てることは、イコール自死に近いものだとも思うんです。それを少しずつ乗り越えていくために、「自分の価値観を一回かなぐり捨てて、自分が楽しいようにしていれば人生は問題ない！」と言ったところで難しいと思うんです。この突き抜けたレベルは言語で説明できない部分だと思うから。そこまでたどり着くには、まずは、左脳的な部分で腑に落ちる説明をしてあげる必要がある。それが寓話なりファンタジーなわけです。そこが本書はかなり腰が据わっている、と思います。論理的に最初から最後までつながっている感覚を覚えています。もちろんそれを信じられるか信じられないか、ということはあるでしょうが、それは受け取り手の特権で、どちらでもいいわけです。

石田：まあ、ファンタジーのような書き方をしながらも、実はかなりリアルだと思ってはいるんですが（笑）。

小田：リアルな人間が、じゃあどうやって、スピリチュアル的な願望実現をしていくか、という現実的方法論については、実は探してみるとそんなにないんです。

石田：そうなんですか？

小田：少ないと思う。方法論がロジカルなものになると、さらに少ない。スピリチュアル本には「変わる」という表現がよく出てきます。高名な本にも多いでしょう。でも説明もなく、「あなた、変わりなさい」と言っても徒労に終わるに決まってる。僕も長らく、「変わる」という表現にむちゃくちゃ抵抗があって、「何で変わらなきゃいけないんだよ！」と思っていました。これはスピリチュアルの初期症状なんです。「みんなもっと変わりましょう！」といきなり言ったところで、人は自我に縛られ、自分が苦労してここまでやってきたという支えがあるから、絶対に変われない。「変われ」と言っちゃ駄目だと思うんです。それは結果的にそうなるものなのだから。

石田：確かに口では変わりたいと言っても、実際に変わろうとすると強く抵抗しますものね。今までの自分を捨てきれない、今までの方が安全だから。

小田：全くそうです。それからパラレルワールドの部分、あそこもすごく好きです。こっちも自分、でも、あっちも自分だよと。その5次元のテーマの例えがすごくいい。論理的なファンタジー！

石田：だから！　そこは例えとかフィクションじゃなくて、実際に5次元で起こってることですから（笑）。

小田：それからここも好きです。「現実的に、自分に不都合な論理は、左脳でさっさと片付けちゃえ」というところ。これを言っている人はほとんどいない。「左脳なんて使っちゃいけない」が今までの主流でしたから。でもこの禁則が、願望実現ができない人を苦しめていたんです。ある程度、腑に落ちるための説明と論理性は必要！　そのロジカルな部分の下支えが、Qさんの原稿の長所ではないでしょうか。

石田：僕は「左脳こそが願望実現」だと思っているんです。確かに右脳ってすごい力があるとは思うけど、パワーばかりつけて暴れ馬になったら逆効果じゃないですか。そこはしっかりとコントロールする騎手が必要で、それがまさに左脳であると。

小田：結局人は、何やかんや言って、自分の自我を保ちながらも、実はどんどん変わっていっているんですね。無意識のうちに…。幼少時代と今じゃ、誰も全く違うわけですから。だから特別、サイキックのような能力を磨けということではなく、アタマの使い方は今までと同じでいいんです。そこにどうやって方法論、納得できるファンタジーを具体的に提案するか。「なら、やってみようか」と思えるワクワクできる方法論があるかが大事です。どっちにしても人は変わっていきます。同じ変わるなら、いい方向に変わってもらいたいわけですし。僕もそうなりたい。

石田：自分では、人を変えようと思って書いてたわけじゃなく、この10数年で実際に自分がいい方向に変わっていけたし、まさにその仕組みを素直に書いてみただけなんです。でも、そうやって読者さんがワクワクと変わっていくきっかけになったら嬉しいですよね。

小田：そうなんです。それはすごく重要なことで。だって、実際に人が「変われる、夢が叶えられる」と信じるのであれば、取り組めるじゃないですか。それはイコール「変わる」ということそのものですから。人は過去が好きだし、誰でも自分の歩いてきた道を誇りに思っています。部分的に思っていないところもあるかもしれませんが、比率的には過去を肯定しているはずです。そうでなければ生きられない。そういう存在に対して、「変わる」ということを、どういう比喩で伝えるかなんです。これが僕が思う、現実的にスピリチュアルを生かすときの一番の課題です。

だから、僕は究極を言うと、おとぎ話をもってくるしかないと思っています。虚構ということではありません。事実かもしれない……でも重要な所はそこではなく、それに心踊れるかです。つまらないおとぎ話が時代を超えていかないのと同じですね。

石田：なるほど。5次元の話であろうと、神様や象さんが出てこようと、そのメタファーが受け入れられ、受け継がれるところに、何かしら宇宙的に真理があるんでしょうね。

小田：本当にそうです。だから、論理的に一貫性を持たせようとすると、どこかで破綻します。もうロジックの向こう側に最終的に行ってしまう。それがスピリチュアルのアイデンティティでもある訳ですが。

石田：でも、あれじゃないですか。お釈迦様だって、そうやって方便というか、それで説明していますからね。

小田：そうですね、方法論は何でもいいと思うんです。その世界観と方法論へのワクワクですね。ピクニックに行くかのような、「そっち行こう！」という気持ち。

石田：はい。確実に変わっていくという実感が、やっぱり大切ですよね。自分は自分なんだけれども、変わった自分も自分みたいな感じで。

小田：それを、たくさんの人が今提案している。それを気にいった形で取り組めば楽しいと思うんです。

著者略歴

石田久二（いしだひさつぐ）

1973年大阪府生まれ。福岡県在住。愛称はＱさん。
メンタルコーチ、講師、旅人。株式会社アンサー代表取締役。24,000人以上を動員した、夢実現のライブセッションを主宰する人気講演家。また、月間30万ＰＶを集める人気ブロガーとしても知られる。

大学卒業後、世界を放浪。帰国後、大学院、ニート、契約社員を経て、2005年、「スピリチュアルな目覚め」をきっかけに独立。その前年から始めたブログは13年間、毎日更新中。ライフワークの滝行は1,300回以上に及ぶ。「宇宙の法則」の実践により、収入、時間、家族、仲間、健康のすべてを満たしたライフスタイルを実現。

科学的根拠に基づく緻密な理論体系と、魂を揺さぶるエモーショナルな講演スタイルには定評があり、幅広い層に熱烈な人気を博している。全国の商工会議所、企業、学校からの講演依頼も多く、近年はアジアを中心に、海外にも活動の幅を広げている。また、訪問歴45か国に及ぶ現役の旅人であり、昨今は国内外を自転車で移動しながら講演活動を続けている。

主な著書として、発売２か月で５万部のベストセラーとなった『夢がかなうとき、「なに」が起こっているのか？』、『運がいいとき、「なに」が起こっているのか？』（以上サンマーク出版）、監訳書に『人生がうまくいく人の断る力』（アチーブメント出版）等がある。

ブログ「宇宙となかよし」
http://katamich.exblog.jp/

編集協力／RIKA（チア・アップ）
イラストレーション／滝本亜矢
校閲協力／新名哲明
編集・設計・制作／小田実紀

「言葉」が人生を変えるしくみ その最終結論。

初版１刷発行● 2019年9月26日
3刷発行● 2023年１月17日

著者

石田《いしだ》 久二《ひさつぐ》

発行者

小田 実紀

発行所

株式会社Clover出版
〒101-0051 東京都千代田区神田神保町3丁目27番地8 三輪ビル5階
Tel.03(6910)0605 Fax.03(6910)0606 http://cloverpub.jp

印刷所

日経印刷株式会社

ISBN 978-4-908033-39-1 C0011

本書の内容に関するお問い合わせは、info@cloverpub.jp宛にメールでお願い申し上げます

※本書は、2017年8月刊行『「言葉」が人生を変えるしくみ その最終結論。』（弊社刊・産学社発売）の復刻・再刊行版です。